ポジショナルフットボール実践論

すべては
「相手を困らせる立ち位置」を
取ることから始まる

渡邉 晋

KANZEN

はじめに

『ポジショナルプレー』

ベガルタ仙台を率いた6年間において、私自身がこの言葉を用いたことは一度もありません。このたび、出版社カンゼンの方から「ポジショナルプレーの本を出しませんか?」というお話をいただいたときも、私はその言葉の意味を理解しておらず、ましてや説明することなどできませんでした。しかし、いつからか、仙台のサッカーが周囲の方から「あれはポジショナルプレーだ」と言われることが事実としてありました。

『ポジショナルプレー』とは何なのか? その意味は? 定義は?

本書の出版をきっかけに、私自身が『ポジショナルプレー』とは何たるかを紐解くことになりました。サッカーには様々なスタイルがあります。好き嫌いも当然あるでしょうし、そこに正解や不正解は存在しません。しかし、我々が挑戦してきたスタイル、すなわち周囲から『ポジショナルプレー』と称されたあのサッカーには、現代サッカーにおいて必要不可欠な要素がふんだんに盛り込まれています。本書にはその『ポジショナルプレー』を理解し、実践するヒントが数多く記されています。

そして、この原理原則をしっかりと理解することは、選手の成長を促し、ひいてはサッカーというスポーツの発展や進化につながるものであると、私は確信しています。

我々の6年間の挑戦を振り返りながら、『ポジショナルプレー』の真髄に迫る旅へ、みなさん一緒に出かけましょう。

渡邉晋

目次

1 章

ポジショナルプレー前夜

戦術がチームに一体感を持たせる

サッカーの試合における一番の目的は、相手より多くの点を取って勝つことである、と私は考えています。当然、負けてもいいゲームなど存在しないし、「勝つために」という考えが常に大前提としてあります。そして「どのように勝つか」という手段を考えるとき、『戦術』が必要になります。

監督の仕事は、選手の心理を含めたチームマネジメントが大半を占めます。いかにチームに一体感を持たせるか。その方法として、ブレずに同じことをやり続けることや、あるいは、ベガルタ仙台で言えば東日本大震災から立ち上がってきた歴史がある中で、そこに思いを馳せる。それがチームに一体感を持たせる方法、という言い方は語弊があるかもしれませんが、大きな要素ではあります。選手一人ひとりの心理を考えてアプローチし、チームの一体感を高めていく。そこに苦心し、エネルギーを注ぐ。そのことが、監督にとって大きな仕事の一つであるということは間違いありません。

その一方で、『戦術』もチームに一体感を持たせる手段の一つになり得る、ということもお伝えしたいと思います。「これをやれば俺たちは勝てる」「これをやれば俺たちは成長できる」「困ったときにはここに立ち返る」という基盤を持つことはとても重要です。そのような『戦術』を確立したとき、自然とチームの一体感は高まります。『戦術』にはそういったチームマネジメントの側面もあるのです。

ただ、そうは言うものの、私が仙台の監督に就任した2014年を思い返すと、当時は「どのように勝つか」以前の問題でした。クラブの危機をどうやって脱するか。それがすべてでした。もしかすると、私の仙台での最終年となった2019年と状況は似ていたかもしれません。正直、「どのように勝つか」を一切考える間もなく、私の監督業は始まりました。

自分の理想は当然あったので、それをいつ、どのタイミングで落とし込めるのかは常に探っていました。しかし、クラブを取り巻く状況として、J2には絶対に落とせない。たとえ理想を追い求めたとしても、です。その考えは私が直接誰かに言われたわけではありませんが、選手やアカデミーコーチ時代を含めると、10年以上在籍したクラブなので、過ごした時間が長い分、クラブの事情は手に取るようにわかっていたため、その狭間で、就任当初からもがいていたのは事実としてありました。

きっかけは逆転負けを喫した2015年の鹿島戦

そんな中、私にとっては決定的なゲームがありました。2015年8月16日、アウェーの鹿島アントラーズ戦です。この試合が大きなターニングポイントでした。前半早々に野沢拓也の2ゴールで我々が幸先良くゲームを動かしたのですが、前半の終了間際に1点を返され、ハーフタイムに。私はロッカールームで選手を迎え入れたのですが、その雰囲気は勝っているチームとは到底思えないものでした。悲壮感、疲労感……。我々が2－1でリードしているのに！　もちろん、夏場で暑く、しんどい状況ではありましたが、とても2－1で勝っているチームの雰囲気ではなかったのです。鹿島の圧に押されているのもありましたが、このまま踏ん張って守り抜く状況にすら持ち込めない雰囲気を感じ、結局2－3で負けてしまいました。逆転負けです。

2015年シーズンは、私が前年途中から監督をやってきたベースとそれまでの仙台のベースがありました。まずは守備メインで、粘り強く守ってからのカウンターだったり、セットプレーだったりで、勝ち点を拾っていく。現実的な戦い方を踏襲しました。しかし、そのターニングポイントの鹿島戦を振り返ったとき、正直、これではこの先、強豪相手には到底太刀打ちできないと思ったのです。あのゲームで、明白に。

第一に、マインドとして攻撃で自分たちが主導権を握ることがベースにないと、2－0でも守り切れないし、3－0にもできない。それを現実として目の当たりにしたとき、それまで散々「走ろう」「戦おう」と言ってきたものを、あの鹿島戦の後から「マイボールにするために走る」「マイボールのときに一段と走る」と言うようになったのは今でもはっきりと覚えています。

もっとも、シーズン中でもあるので、いきなりトレーニングを劇的に変えたわけではありません。

私と仙台といえば、２０１７年にトライした［３－４－３］の印象が強いかもしれませんが、そこにたどり着くまでには様々なステップがありました。

やはり、最初はマインドからです。たとえば、同じポゼッションのトレーニングでも、それまでは守備へのアプローチが多かったところを、マイボール時の選手への働きかけや声がけを増やしました。「どのように勝つか」という手段にフォーカスしたとき、「攻撃で主導権を握って勝つ」。それが私の理想であり、それに向けての取り組みが始まったのが２０１５年の８月。鹿島戦の後からでした。

ポジショナルプレーの種となるもの

その後、半年が経ってシーズンが終わり、翌２０１６年を迎えたときには、そのマインドを持ってスタートすることができました。「攻撃的に」というと語弊がありますが、「攻撃で主導権を握っていく」というマインドです。その部分においては、前年までと比較して絶対的な変化がありました。

福永泰ヘッドコーチを中心に、コーチ陣が多くのアイデアを出してくれた中で、まずは攻撃において、グループでどうやって相手の上に行けるのかという感覚にアプローチしていきました。「局面での数的優位」という言葉がキーワードとなり、「その数的優位をいつどこで作るか」「どうやってスピードアップするか」「攻撃のスイッチをいつどうやって入れるか」といった要素を明確に打ち出したのが2016年でした。

当時のトレーニングで頻繁に行っていたのは、『2対1＋3対3＋GK』です〈図1〉。2トップのサポートにMFを1人置いて、攻撃を構築していくイメージです。楔は必ずワンタッチ、次のパスもワンタッチという制限を設けました。また、ワンタッチで入れた楔に対し、相手を背負ったFWの選手をサポートして前向きに関わっていくことを要求しました。このプレーを私たちは《もぐる》と呼んでいます。楔を入れて終わりではなく、「もぐる人をしっかり作る」、この2つを同時に意識付けしました。図のシーンで言えば、もぐる選手はMFか、あるいは、2対1の中から1人が加わって、4対3にすることでも作り出すことができます。

〈図1〉 2対1＋3対3＋GK

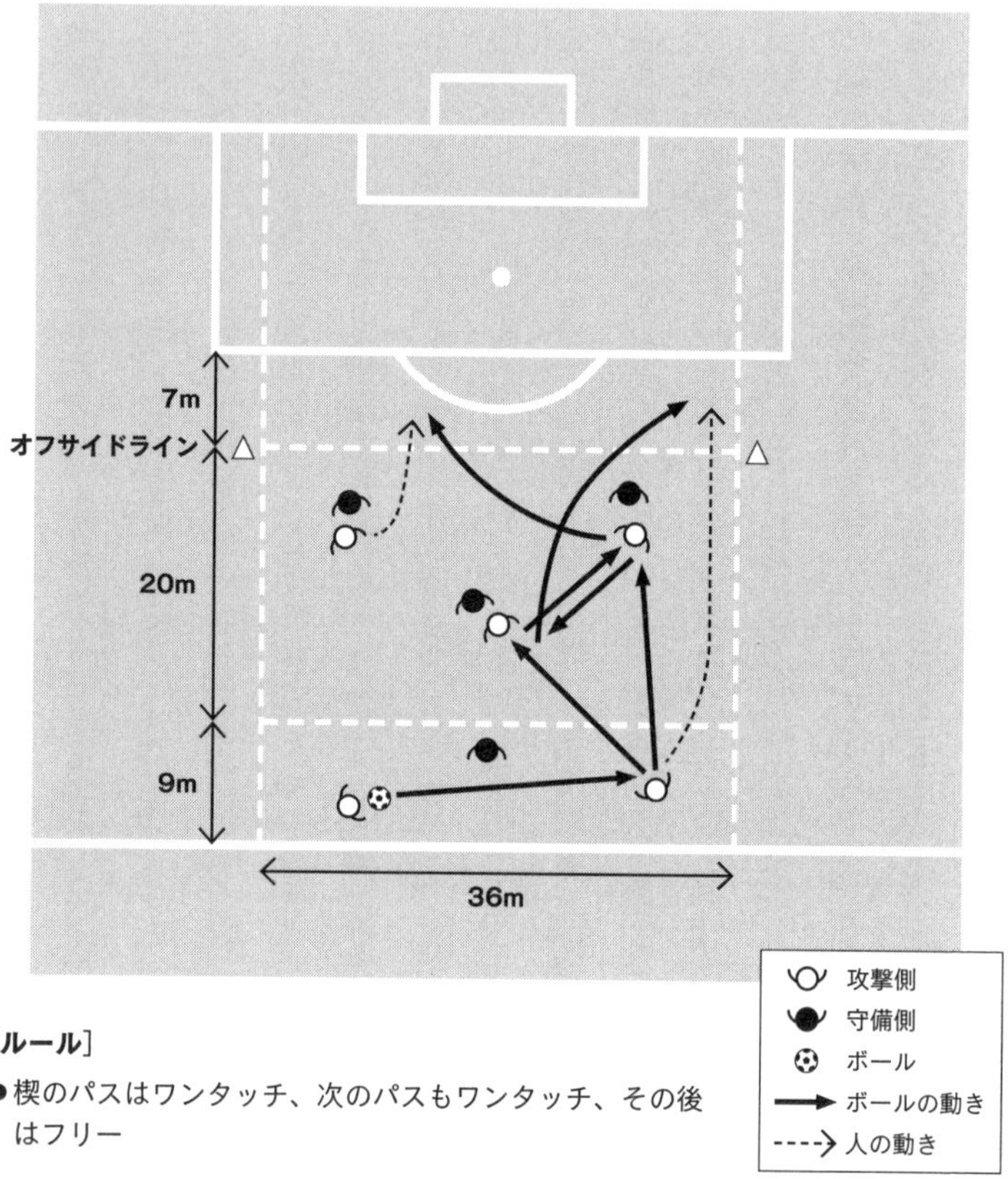

[ルール]

- 楔のパスはワンタッチ、次のパスもワンタッチ、その後はフリー

[ポイント]

- 楔を入れた後、2対1の中から1人が必ず前へ加わり、4対3にする
- 奥のFWの楔を入れて、前向きに『もぐる』選手を増やす

※当時はまだレーンを引いておらず、ワンタッチでプレーすることを強く意識させていた

それから、もう一つ。『3＋4対4』ですが、最初は守備の入り口として、いろいろな指導者が行っているトレーニングだと思いますが、最初は守備の入り口として、「中を閉める」「背中（の相手選手）を消してから（プレスに）行く」といった指導に使ってきました。それを攻撃の部分でも、ボールホルダーに対して広がりと深さ、中央のピボットを必ず作り、さらにその箱を4つに区切る。攻撃側はこの4つの箱から出ない、という制限をつけることで「寄りすぎないサポート」を意識したトレーニングにしました。もちろん、攻守の切り替えとして、奪った後にどうするか、奪われた後にどうするか、という部分も含まれています。

こうしたトレーニングを続けて、選手にも変化が見られるようになりました。特に大岩一貴はものすごく成長したと思います。三田啓貴もそうです。あとは渡部博文。積極的に楔を入れられるようになり、「俺がここにいるからボランチ早く下りてくれ！」などと周りにもしっかり伝えられるようになりました。自分自身が主導権を持ちながら、味方も動かすことができるのは大きな成長の証しです。最初は守備的な選手たちに大きな変化が見られたと思います。

逆に前線のところはある程度グループに任せ、立ち位置のことはそれほど言わ

〈図2〉 **3＋4対4**

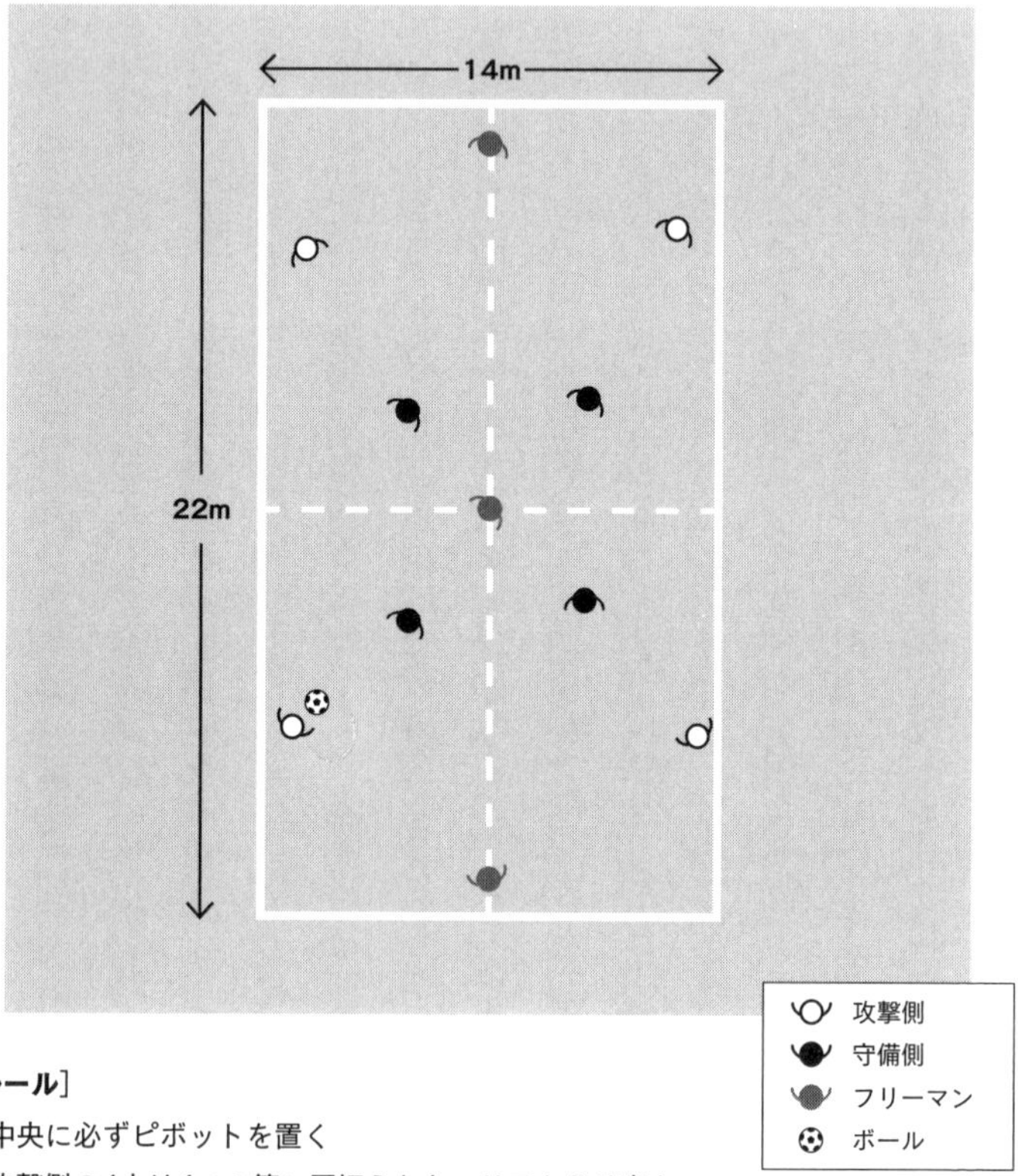

[**ルール**]

- 中央に必ずピボットを置く
- 攻撃側の4人は4つの箱に区切られたエリアからは出ない

[**ポイント**]

- ボールホルダーに対して広がりと深さを作る
- ボールホルダーに寄りすぎないサポートを意識する
- 奪った後、奪われた後の切り替えを意識する
- ボールを保持することが目的ではなく、ボールを「前進」させることが目的。そのために、攻撃方向を意識させることが重要

ず、ワンタッチでやるとしたらどれくらいの距離感でいなければいけないとか、ざっくりした入り口からの抽象的な落とし込みだったので、理解できる選手とそうではない選手がいたと思います。

　このように改めて2016年のトレーニングを見返すと、その時点で何か真新しいこと、面白いことをやり切れたかというと、そうではなかったかもしれません。ただ、その後、いわゆる『ポジショナル』につながっていく意識付けを行っていたのは確かです。ミーティングの中でも「重ならないように」という話は頻繁に選手にしていました。

「流動的に」というと、悪く捉えれば自由奔放、とにかく好きなようにぐちゃぐちゃ動くだけでも「流動的」に見えてしまうことがあります。でも、それは「NO」だと。「人と重ならない」、あるいは「いてほしい場所からいなくならない」、そうした声がけは2016年から行ってきました。

　トレーニング以外では数字的な部分でも、ボール保持率やパス成功率にこだわり、それを毎試合ピックアップして、「前回からこれくらい良くなった！」とデータで成果を伝えることも多くありました。そうした働きかけの結果、選手が「俺たちは攻撃的にプレーしていくんだ！」と、まずはマインドの部分で前向きになれている感覚はありました。今から振り返ると、2016年はその後のスタイルのベースになるものを構築した年だったと思います。

【4－3－3】を試行錯誤した結果【3－4－3】へ

そして、この2016年の最後、我々にとって大きかったのは、クラブワールドカップの影響で、リーグ戦がいつもより早く、11月3日に終了したことでした。天皇杯も敗退していたため、我々にとっての公式戦はすべて終わっていましたが、すぐにオフに入るのではなく、11月26日まで3週間強トレーニングを行うことに決めました。そこで、選手に「【4－3－3】にトライする！」と伝え、取り組み始めました。

なぜ、【4－3－3】だったのか。それは攻撃のとき、より高い位置で幅を使うためです。

２０１６年は少しずつ攻撃で主導権を握れるようになりましたが、いわゆる「再現性がない」、局面を個の力に任せて打開することが多いという感覚がありました。それをもう少し整理しなければならない。そして整理するためには、より高い位置で幅を取り、それを出発点として相手の守備組織をズラしていく型の設定が、絶対に必要だろうと考えていたのです。

幅の取り方は、［４－３－３］のウイングが取ったり、あるいはボランチが最終ラインに下りてＳＢが前へ出たりと、様々な方法がありますが、流れの中で何となくたどり着くのではなく、最初に幅ありきで、意図的にこちらから形を作って仕掛けていきたい。［４－３－３］は幅の作り方を明確に示しやすいので、それが新しいシステムを取り入れた一番の狙いでした。

ただし、実際にやってみると、選手が幅を意識するあまり、１トップが孤立するケースが多発しました。その発端となるのは、［４－３－３］にしたときのアンカーが、いち早く最終ラインに下りてしまう現象です。それ以前に［４－４－２］でやっていたときも、たとえば相手の2トップが我々の2ＣＢにプレッシャーをかけてきたときは、ダブルボランチの１枚が下りて数的優位を作り出しビルドアップする形を2016年のシーズンでずっと行ってきました。その感覚があったと思います。

ところが、［4－3－3］を導入して何が起きたかというと、相手FWと同数でもない、最終ラインが困ってもいない、にもかかわらず、先にアンカーが下りてしまうのです。アンカーが下りると、押し出されたSBが高い位置を取ろうとしますが、それを受けてウイングは「俺たちどうする？　幅を取りたいけど重なるし……」と戸惑ってしまう。さらにボールが出てこないので、インサイドハーフまで下りてしまい、1トップが孤立する。そんな悪循環が数多く見られました。要するに、うまくいかなかったのです。

では、どうするか。一番の問題点はアンカーが下りてしまうという現象です。アンカーが技術に自信のある選手だったら、むやみに最終ラインに下りることはなかったと思います。あるいは2枚のCBが自信を持って運べる選手なら、容易に前進できたかもしれません。しかし、ビルドアップに安心が得られないとなると、「安全な場所に下りたい……」となってしまいます。理想としては4バックでしたが、中盤の底で我慢できるほど技術のあるアンカーが、当時のチームにはいませんでした。いや、おそらく日本全体を見渡しても、この位置を1人で振る舞えるMFはかなり稀だったと思います。昨今はどちらかと言うと運動量を多くして、相手のボックスまで入って行く活動量を武器にしたボランチが増えています。必要以上に動いてしまう選手が多い印象で、そこに留まれない。留まってプレーする技術がないか、あるいは技術は持っているけど、守備が難になってしまうか。そう考えると、改めてバルセロナのセルヒオ・ブスケツはすごい選手だと思うわけですが……。

そこで考え直しました。選手がトライした結果、どうしても後ろが3枚になるのなら、これはもう「[3－4－3]だろう」と。私には次の絵が見えました。結局そこへ行き着くのなら、最初から[3－4－3]の配置で始めたほうが、2シャドーの役割も確立され、1トップの孤立も防ぐことができます。逆に懸念としては、WBが前に出て行くのに時間がかかるため、高い位置の幅をすぐには作ることができない。そこは若干気になりましたが、攻撃で主導権を握って相手を押し込みさえすれば、高い位置で幅を取ることができます。「だとしたら、[3－4－3]にしてしまおう！」と、ここで次の手を打つ流れになりました。この2

016年11月、3週間強のトレーニングでは、最後に練習試合を2ゲーム行いましたが、その時点ですでに［3－4－3］を取り入れていました。

こうした試行錯誤があり、私たちは最終的に［3－4－3］という配置にたどり着きました。システムは結果として帰結したものです。まず、マインドを変えて攻撃で主導権を握る。そのためには高い位置で幅を取る。それを選手に提示してトライをした結果、［3－4－3］の配置のほうが彼らには適していた、という流れです。決してシステムありきではない、ということは強調しておきます。

偶然性も含んだ欧州視察で3バック思考を整理

2016年は最終的に［3－4－3］のイメージを残して終わりました。それが翌年につながっていくのですが、実はその間、オフシーズンにも布石がありました。私は毎年、オフになると欧州へ行くことにしています。特に「このクラブを見たい」という目的があるわけではありません。最低でも1週間、きちんとトレーニングを見て、週末のゲームにどのように向かうのか。その流れが見られるチームに行きたいと、コーディネーターにはお願いしています。2016年も最初はドルトムントを見ることができそうだという話があり、ドイツ行きを決めていました。

ところが、これは余談ですが、実際に行く直前になって、当時監督だったトーマス・トゥヘル（現在はパリ・サンジェルマンを指揮）のチームが下降線で、ドルトムントの練習がクローズになってしまいました。本当に親しい人ですら入れない、危機的状況ということでした。そこで現地に着いてからヘルタ・ベルリンへ行き、当時は原口元気選手がいたので、彼のつながりから何とかお願いをして練習を見させてもらいました。よくある旅のハプニングですが、周囲の協力もあり、臨機応変に過ごしながら、試合もいくつか見ることができました。

すると、何の偶然か、そのほとんどが3バックのチームでした。シャルケ、ドルトムント、チェルシー……当時は流行りもあったと思います。もちろん、同じ3バックでも、チームによってやり方は違いました。シャルケではそのとき、怪我でベンチ外だった内田篤人選手がいたので、彼と一緒に試合を見ながら話を聞かせてもらいました。当時、ドイツは3バックが多かったのですが、彼が言うには、ボランチやアンカーに入る選手のキャラクターによって、守備的になるチーム、攻撃的になるチームに分かれると。

シャルケについてはボランチが1枚、つまりアンカーを置いていたのですが、そこに入る選手が本当に守備的な選手でした。ビルドアップに全然関われず、「え？これでいいの？」という話をしたのは覚えています。内田選手が言うには「そもそもそういうタイプの選手じゃないし、特に今日はそういうゲームプランなので」ということでしたが、見る限り、WBも高い位置へ出られないし、インサイドハーフもどんどん下りてしまうし、相手の背後を取るアクションやパスも皆無です。「こうなると3バックは相手の圧に押されてしまう」という現象を、現地で確認することができました。

それはドルトムントの試合も同じでした。こちらは技術的に優れた選手が数多く揃っていました。それこそ香川真司選手、マリオ・ゲッツェもいたと思います。でも結局、そのあたりの選手もどんどん下りてしまい、背後へのアクションがなくなり、相手のプレッシャーをまともに受ける流れになりました。「こうなるときついぞ」ということをドイツの2ゲームでは強く感じました。その後、ロンドンへ行ってチェルシーの試合を見ると、前線の3人（ジエゴ・コスタ、エデン・アザール、ペドロ・ロドリゲス）が、前へ走り、ドリブルで前進し、とにかく相手の背後を強く意識したプレーを繰り返していました。そうすると、相手最終ラインが下がり必然的に両ワイドも高い位置を取れるし、全体的な矢印が前を向く。やはり、1トップ・2シャドー、特に2シャドーが前へのランニングで背後を取る動きをしないと、逆に圧力を受ける試合になってしまうなと、最後のゲームでポイントを整理できたのをよく覚えています。

そのような試合に出会ったのはまったくの偶然でしたが、様々なチームの特徴、良し悪しを間近で見たことで、自分の中で3バックの特徴を整理しながら2017年に入ることができました。まずは前の3枚、特に2シャドーの背後へのアクションが何より重要だと。これをオフシーズン中に明確にできたのはかなり大きかったと思っています。

そして、その背後の取り方を習得させるために、その後のキャンプから様々な試行錯誤をすることになります。そこから我々は、《レーン》と呼ばれるものを発見し、立ち位置を導き出し、戦術の浸透を一歩一歩進めていくことになりますが、それは次の章で。

布石――。今から振り返ると、2016年は攻撃マインドへの転換、グループ単位のベースの植え付け、高い位置の幅取り、システムの帰結など、後に『ポジショナルプレー』とみなさんに評価していただくスタイルのベースを築く年になったのだと思っています。

『ポジショナルフットボール』構築の流れ

2014年〜2015年8月
それまでの仙台のスタイルを踏襲
「まずは守備から」というマインドで、堅守速攻をベースに戦い抜く

▼

2015年8月
覚醒のとき
鹿島戦の逆転負けを機にスタイル変更を決断。攻撃的なマインドへアプローチする

▼

2016年
ベースを築いた年
「攻撃で主導権を握っていく」というマインドが明確となり、ポジショナルプレーの種が醸成された時期

▼

2017年
[3-4-3]スタート
[3-4-3]を導入し、ポジショナルプレーを展開。攻撃サッカーを貫いた

▼

2018年
発展的トライと試行錯誤
相手の対策に対して[3-1-4-2]を導入するなど、トライと試行錯誤を続けた

▼

2019年
後退と終焉
3バックの欠点ばかりが露呈。残留を掴みとるために堅守速攻へと回帰した

2章

渡邉式ポジショナルプレー

～指導法～

「相手2人以上を困らせる」ポジショナルプレーとは？

巷で『ポジショナルプレー』と呼ばれているものについて、私の解釈を述べさせてもらうとすれば、それは『スペースを支配する』ということだと考えています。そして、攻撃において『スペースを支配する』ために絶対的に必要になってくるのが《良い立ち位置を取る》ということです。

どのように相手ゴールに迫るのかを考えたとき、《良い立ち位置》は必要不可欠です。それは個人レベルの《良い立ち位置》だけではなく、視野を広げて11人のチームに照らし合わせたとき、チーム全体の利益を踏まえた上での《良い立ち位置》であり、それを取り続けることで『スペースを支配する』ことを『ポジショナルプレー』と呼ぶのではないかと考えています。では、《良い立ち位置》とは具体的に何を示すのか。私は特に攻撃の大前提として、「相手2人以上を困らせよう」と選手に伝えてきました。1人の立ち位置で、相手2人を困らせる。あるいは3人、4人を困らせる。そういう立ち位置を取りましょうと。

最終ラインを破るシーンを例にあげます。相手DFの中間に立ち、そこから相手の背後へ飛び出して行く方向が良ければ、相手DFはどちらが付くべきか迷い、同時に2人が困ることになります。1人に対して2人が困れば、ほかの場所が空くわけですから、個人がその立ち位置を意識して取れば、間違いなくチームの利益になります。

逆に立ち位置によっては、「そこで受けられても別に怖くない」といった相手DFがまったく困らないケースもあります。自分がボールを受けやすくても、相手が困らなければチームの利益にならず、それは《良い立ち位置》とは言えません。最終目標は相手ゴールに迫り、得点を奪うことです。私はそのための作業として、「相手2人を困らせる立ち位置を取る」という原則を元にこの戦術を落とし込んできました。

2016年は3バックにする以前から、局面で数的優位を作り出してボールを前進させるビルドアップを実践してきました。CBと相手FWが2対2の同数なら、ボランチが下りて数的優位を生み出すわけですが、このボランチの動きは、プレスをかけようとする相手FWを困らせています。さらに最終ラインで空いた1人がボールを中盤へ持ち運べば、相手は誰が対応するべきか迷い始めます。あるいは、その場所を使わなかったとしても、そこに相手が守備のパワーを割いたのなら、どこかほかの場所で数的優位が生まれているはず。そのようにして《良い立ち位置》がチームの利益になっていることを、全員が理解し、共有することが大切です。

そして、最終的には誰かが完全にフリーで、なおかつ、ゴールに向かってスピードに乗った状態でボールを引き出していく。究極の理想は、相手GKと2対1になることです。それを外せば最終的にゴールマウスに対して1対0。無人のゴールにボールを入れるだけという状況です。もちろん、それは理想なので、相手GKと1対1の状況も、あるいは、相手CBと1対1の状況も、チームにとっては充分な利益です。そこからの逆算として、まずはチーム全体で《良い立ち位置》を取り、相手を困らせることが必要になるわけです。

実はここまで詳しく、選手に言葉で説明したことはありませんでした。それはなぜかと言うと、言葉ばかりになって机上の空論になるのは絶対に嫌だったから。

何より、選手がピッチでイメージを共有できたからです。たとえば、トレーニング中によく起きていた現象で言えば、シャドー、あるいは1トップが《良い立ち位置》を取るからこそ、相手DFが中央に集まり、最終的には外からWBがフリーでスピードアップできます。相手を困らせ、数的優位を生み出し、ゴールに迫る。これは選手にとっては非常にわかりやすい絵であり、トレーニングやゲームを行うことで自然に出てくる現象となればメリットを体感しやすかったと思います。付け加えるとすれば、1トップ・2シャドーと両WBを置く［3－4－3］は、立ち位置のメリットが初期配置の時点で明確に見えやすいシステムでもありました。

このように、選手とはプレーしながらイメージを共有しましたが、言葉で紐解くとすれば、《良い立ち位置を取る》ということが大前提としてあり、「良い立ち位置とは、1人で2人以上を困らせる立ち方のこと」であり、それらはすべて「ゴールを奪うため」にある、と整理することができると思います。

『ポジショナルプレー』の指導とは、このような《立ち位置》の原則に基づいて指導することであると私は解釈しています。

《レーン》を真っ直ぐ走り2人の相手を困らせる

前章でお伝えしたように、2016年は様々なベースを構築した1年になりました。そして2017年はシステムを変え、［3－4－3］の立ち位置を取った中で、1トップ・2シャドーを中心にいかにして相手の背後を取っていくか。欧州サッカーの視察で実感したことですが、それは最も大きな課題でした。どうすれば背後を取れるのか？　そのための《良い立ち位置》とは何か？

相手DFとDFの間のことを我々は《レーン》と呼びましたが、最初のキャンプで私が選手に伝えたのは、その《レーン》を「直線的に走る」ということでした。

1トップ・2シャドーは、相手4バックの間にそれぞれ立ちます。シャドーの選手で言えば、そこから《レーン》を真っ直ぐ走ることによって、相手SBとCBの2人を困らせます。これを行えば、必ずWBが空いてくる、という連係です。

この形をキャンプではとことんやりました〈図3〉。

そこで我々の手本になってくれたのが、石原直樹です。2017年に加入した彼は、《レーン》からの飛び出しを見事に実践してくれました。1トップの彼がDF間の《レーン》を真っ直ぐ走ることで、2人を引きつけ、シャドーがフリーになる。そのシャドーが走って大外のDFが寄ってくれれば、ワイドにいるWBがフリーになる。そうすれば、サイドチェンジ一発で時間とスペースを得て、スピードアップしてゴールに迫ることができます。たとえ自分がボールに触らなくても、石原はそこまで考えてポジションを取っていました。

逆に直線で《レーン》を走らず、斜めに走ってしまう癖のある選手は、相手2人を困らせることができていません。相手からすると、SBからCBあるいはGKへ「行ったぞ！」とマークを受け渡して終わりです〈図4〉。そこをズラせなければ、せっかくサイドチェンジしても相手SBにスライドされ、時間とスペースを充分に獲得することはできません。そこで攻撃のスピードを失えば相手に守備ブロックを再形成されてしまいます。《レーン》を真っ直ぐ走ることで、相手2人を困らせることができるのですが、体に染み付いた癖として斜めに走ってしま

〈図3〉逆サイドのSBを困らせる

[**ポイント**]

1トップ・2シャドーが相手4バックの間にそれぞれ立つ。このときにシャドーがレーンを真っ直ぐ走ることによって、相手SBとCBの2人を困らせる。そうすることで大外のWBが空いてくる

〈図4〉ゴール方向へ斜めに走ってしまった場合

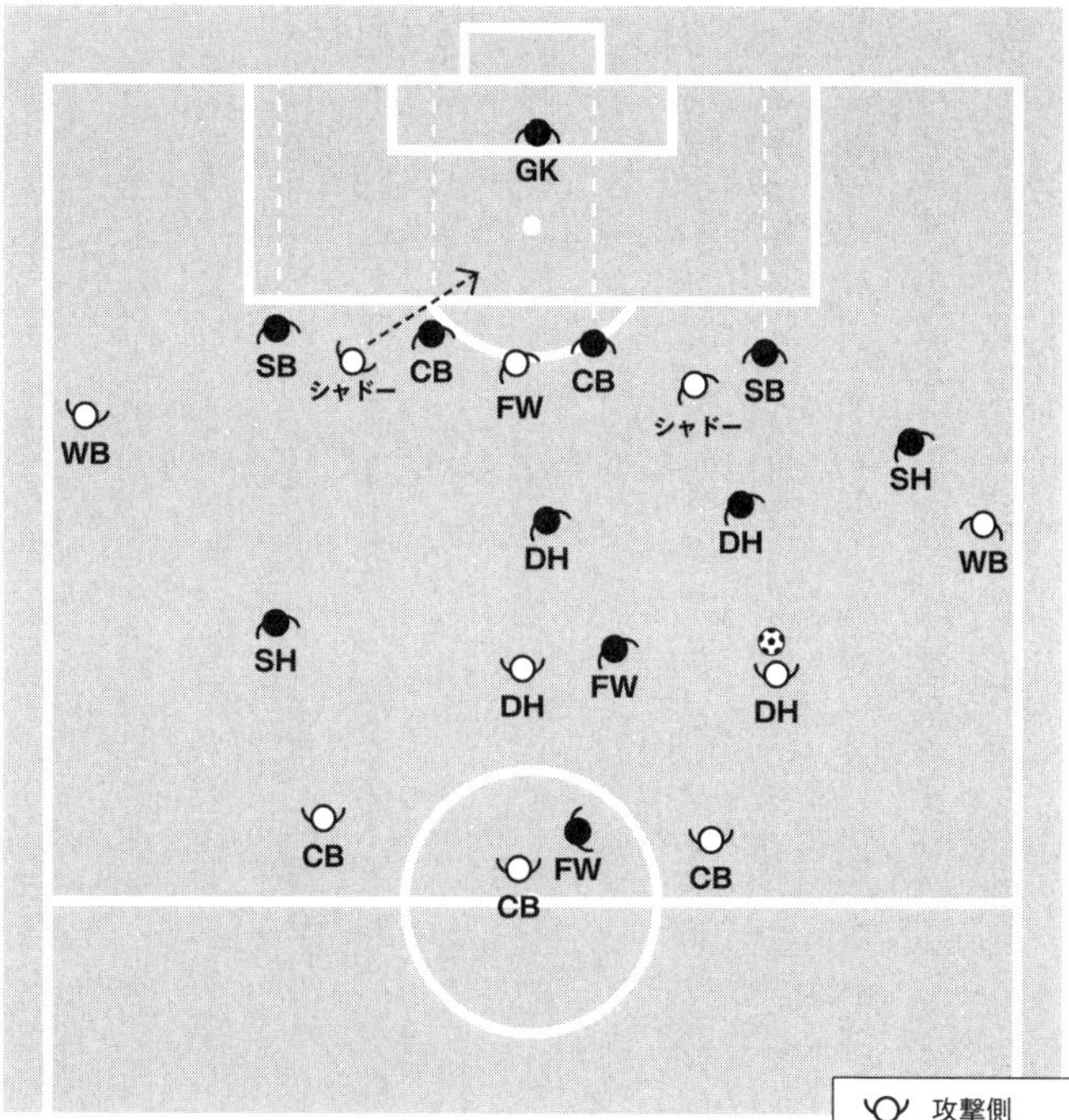

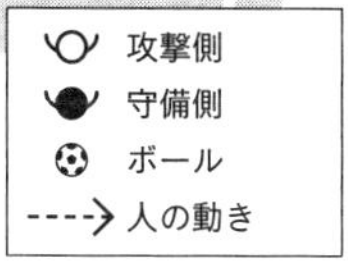

[**ポイント**]

レーンを直線に走らず、斜めに走ってしまう癖のある選手は、相手2人を困らせることができていない。これでは相手SBから、CBあるいはGKへ「行ったぞ！」とマークを受け渡して対応されてしまうう選手は苦労していました。それまでは、「ダイアゴナルに走れ」と言われることも多かったのでしょう。またボックスの中へグッと斜めに入っていく瞬間は絶対にあり、それが効果的なことも多くあります。そこにパスが点で合えば、その一瞬で受けることも可能だと思いますが、我々が全体で相手の守備をズラして仕掛けることを考えたとき、《レーン》を真っ直ぐ走るという落とし込みが、1トップ・2シャドーには必要でした。何度も言うように、そうすれば相手2人を困らせることができるからです。

また、《レーン》を真っ直ぐ走るということは、ゴールに対しても真っ直ぐ向かうことができるということです。基本的に1トップ・2シャドーはペナルティーボックスの幅に留まっているので、走ってボールを受けたとき、トラップしながらグッと前へ行くことができればそのままゴールへ向かうことができるのです。さらに、直接ゴールへ行けない位置にボールが出たとしても、相手GKとDFの間にクロスを折り返すことができれば、1トップと逆側のシャドーで必ず2枚は飛び込める状況です。真っ直ぐ《レーン》を走ることで、このようなチャンスを確実に増やすことができるのです。

とはいえ、相手の守備は大体、中に絞ってくるので、その原則を踏まえれば、最終的にはシャドーよりもWBが空くことが多くなります。シャドーとWBの動きをセットで考え、それに伴う動き出しを、私たちは整理していきました。ちなみに、私たちに「真っ直ぐ走る」という概念を与えてくれたのも、石原のランニングでした。キャンプの練習試合の映像をコーチ陣と一緒に見ながら、彼が常にCBの外側にプルアウェイしDF間に立ち位置を取っていること、そしてそこからのランニングの向きが真っ直ぐになっていることを、確認することができました。私の部屋でコーチ陣と夜な夜な話し合ったことは、今でもはっきりと覚えています。

その意味では、最初からこうした明確なセオリーを選手に提示できたわけではありませんでした。本当に一緒に作り上げていく感覚でした。《レーン》については、特に石原と小林慶行コーチが何度も話をしてくれました。石原も私に「シャドーがそこにいてくれないとダメですよね」など、盛んに戦術的な話をしてきました。キャンプ中の石原のプレー映像を作って選手に見せることもあったくらい、もう本当に〝石原先生〟でした。そして、これらの要素を踏まえ、相手の背後を取ることを習得するため、私たちがキャンプから行ってきたのが、このファンクション・トレーニングです〈図5〉。シンプルに《レーン》を走ってシュートまで行く、という内容ですが、1トップの選手がプルアウェイしてCB間の《レーン》に立ち、それに呼応してシャドーの選手も同じように《レーン》に立ち位置を取ります。パスの出し手に対し、2つの《レーン》をランニングして一気に背後を取るか、あるいは下りたシャドーの足元に楔を刺すかという選択肢を与えます。もし下りたシャドーが足元で受けたのなら、ワンタッチで反対側のシャドーへ展開しコンビネーションを生み出します。

このように、全体の良い準備がなければ、せっかく良いタイミングで《レーン》を走った1トップがいたとしても、選択肢は一つで終わってしまいます。相手を困らせた後、素早くスピードアップして次の仕掛けが行えるよう、トレーニングを重ねました。これと併せてトレーニングしたのは、相手DFを《剥がす》動きです〈図6〉。

こちらはワイドを起点にしたとき、そのワイドにいる選手と対峙した相手の内側をシャドーがインナーラップする動きのことを指します。相手の最終ラインの

〈図5〉レーン～シュート(3バック&1トップ＋2シャドー)

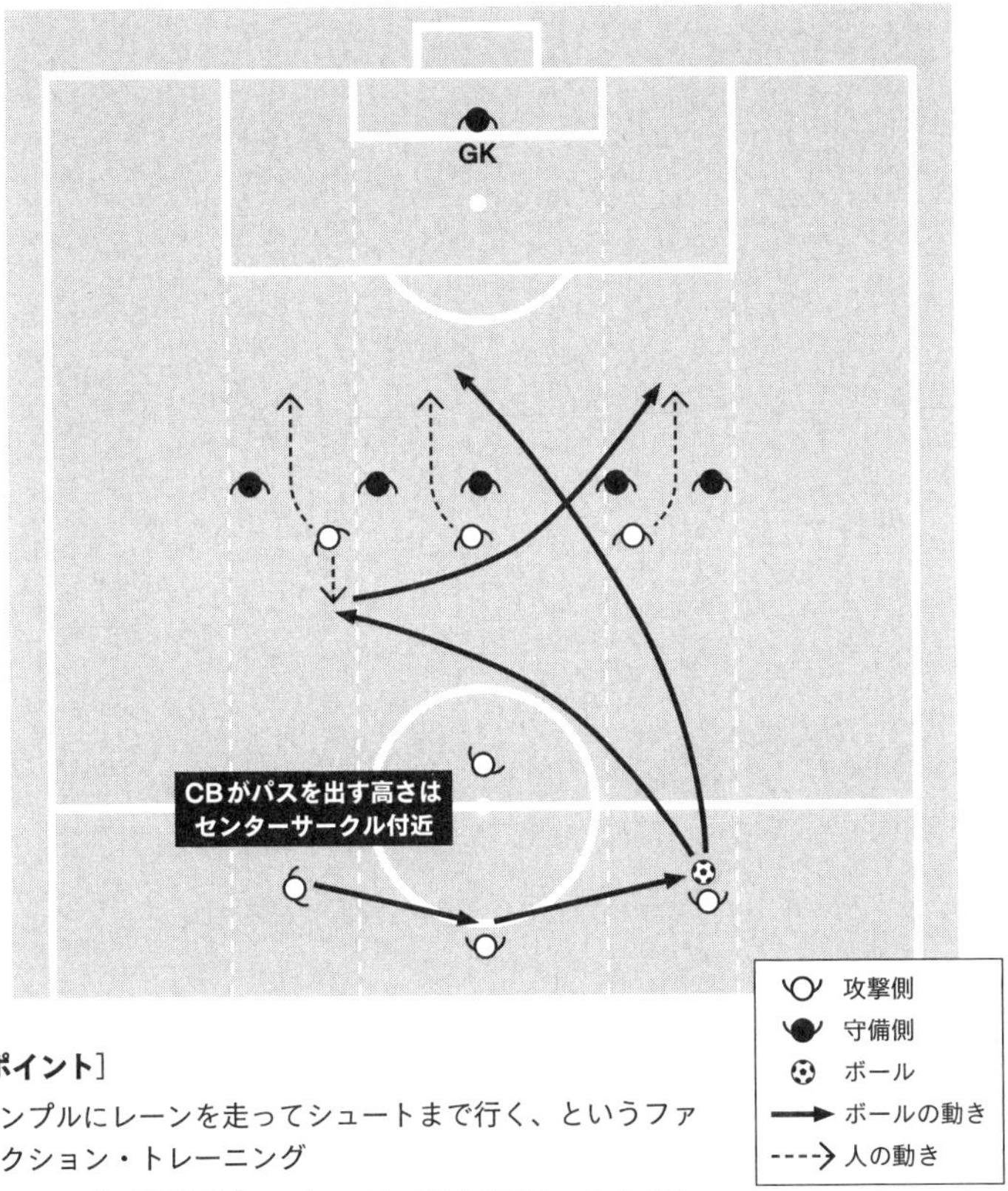

[**ポイント**]

シンプルにレーンを走ってシュートまで行く、というファンクション・トレーニング

- 1トップの選手がプルアウェイしてCB間のレーンに立ち、それに呼応してシャドーの選手も同じようにレーンに立ち位置を取る
- パスの出し手に対し、2レーンをランニングして背後をとるか、あるいは、シャドーは下りてパスを足元に引き出し、ワンタッチで反対側のシャドーへ出すかの選択肢を与える
- スピードアップするタイミングを共有する

〈図6〉相手CBを剥がす

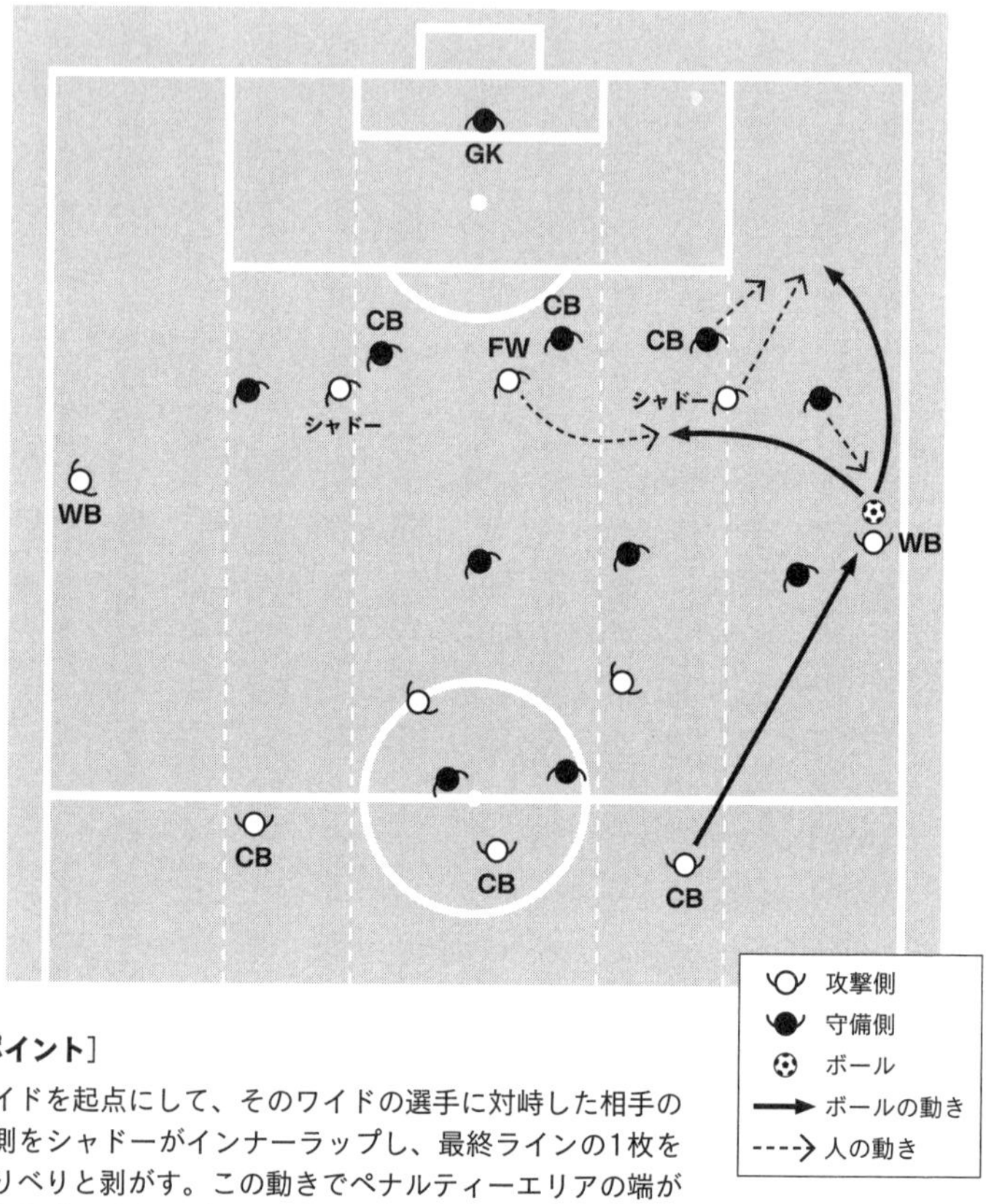

[ポイント]

ワイドを起点にして、そのワイドの選手に対峙した相手の内側をシャドーがインナーラップし、最終ラインの1枚をべりべりと剥がす。この動きでペナルティーエリアの端が取れれば一番良いが、その犠牲的なランニングによって相手DFの1枚でもついてくれれば、その場所には必ずスペースが生まれる。相手DFを剥がした後に、次にそこを誰が使うのかをセットで持っていれば、WBがボールを受けたときの選択肢が増え、相手の守備組織を壊すことができる

1枚をべりべりと剥がす、というイメージです。この動きでペナルティーエリアの端が取れればよいのですが、なかなかそうもいきません。しかし、たとえ一発で取れなくても、その犠牲的なランニングによって相手DFが1枚でも付いてくれば、剥がしてくれた場所には必ずスペースが生まれます。だから、剥がした後、次にそこを誰が使うのかをセットでアイデアとして持っていれば、WBがボールを受けたときの選択肢が増え、相手の守備組織を崩すことができるのです。

ただ、このシャドーの《剥がす》動きについては、様々な捉え方があります。WBに1対1で勝負させるために大外のスペースには剥がしに行かないことも一つで、選手の特徴を踏まえたとき、あえてWBの横、いわゆるハーフスペースに立ちサポートに回ることも一つです。走力に自信があり、勢いとパワーを持って積極的に剥がしに行くのか、あるいは留まってサポートするのか。いずれにしろボール保持者（このシチュエーションではWB）に選択肢を増やすことが重要です。

そして、この《剥がす》動きを一番うまく実践できたのが、後にロシアへ移籍することになった西村拓真です。彼は石原や野津田岳人のプレーを見ながら学び、本当にタイミング良く、ダイナミックな動き出しができるようになりました。彼以外では奥埜博亮も非常に効果的なアクションを繰り出せていました。

決定的だったアイデア「だったら線を引いてしまおう」

《レーン》の取り方やランニングの方向、相手最終ラインの剥がし方をトレーニングすることで、相手を困らせるメカニズムははっきりと見えてきました。しかし、それで戦術として充分に機能したわけではありません。たとえ1トップの石原の立ち位置とランニングが良くても、その意志とタイミングが、シャドーやWBの選手とピッタリ合わなければ効果を発揮できません。その点はうまくいくときもあるし、いかないときもある。まだまだ「再現性が少ない」という状態でした。

今、2017年の最初の頃の映像を振り返ると、やはり止まっている選手が多いなと感じます。「それではボールも動かないぞ！」というシーンがたくさんありました。相手を見ながら、初期配置から少しずつ立ち位置をズラす作業を、もっとこまめにやらないと状況は動かない。1人がどれだけ動いても、チームとして狙いを持って動かなければ、まったく効果的ではないというのを改めて感じました。

逆に、ボールを欲しがって動きすぎてしまう選手もいました。相手が「4－4－2」でブロックを組んだとすれば、シャドーの選手は相手CBとSBだけではなく、相手ボランチやSHも困らせる立ち位置を取ることが重要です。いわゆる『ライン間』です。そこも意識できるようになれば、瞬間的に4人を困らせることができ、その位置から前にアクションを起こせばDF2人が困り、ステイして中継点になればMF2人も困ることになります。

ところが、そこでシャドーの選手がボールを欲しがって下がりすぎてしまうと、相手ボランチの前で捕まりやすくなり、相手は1人しか困らない。ここが重要です。ボールに触った本人は気持ち良くプレーしているかもしれませんが、相手が困っていなければ意味がありません。

90分プレーしていれば、ボールに触ってリズムも作りたい時間もあるでしょうし、そういうものを許容した部分もありました。ただ、最終ラインでボールを動かしていて、いざ縦に入れたいというタイミングで自由に動かれてしまうと、チームとして前進することができなくなってしまいます。もちろん、《良い立ち位置》にいるのにボールが出てこない状況もありましたが、それは出し手であるDFやボランチの問題です。そこに対しては「刺せる状態だから、見逃さずに刺そう」というアプローチも同時に行ってきました。

その意識や狙い、縦パスのタイミングをどうやって揃えていくのか。特に向上させたかったのは、受け手である1トップと2シャドーの関係性です。《レーン》を走る、相手を困らせるといったコンビネーションを、どうすればビルドアップの段階から高い再現性を伴って発揮できるのか。そこが課題でした。

私は2017年の最初のミーティングで、攻撃時の配置とその狙いについて、パワーポイントを使って選手に説明しています。そのとき、「中央のコンビネーション」の項目で強調したのは「ワンタッチと良い距離感」、この2つです。そして、「良い距離感とは何メートルだ?」という話を選手にする中で、私は「お互いがワンタッチでプレーできるのが良い距離感だ」と定義しました。

私のワンタッチとあなたのワンタッチでは距離感が違うかもしれないが、10メートルや20メートルも変わるわけではない。だから、前線に張り出した5人はワンタッチでプレーできる距離感で立ってくれと。それが良い距離感だと、最初に伝えました。ところが、1トップ・2シャドーに《良い立ち位置》を取らせるには、『距離感』だけでは不十分でした。うまくいくこともあれば、いかないこともあり、やはり再現性が少ないのです。いくらコーチングの中で「ワンタッチを意識しろ！」「重ならないように！」「動きすぎるな！」と伝えていても、選手が実際にできていなければ、言っていないのと一緒です。だとしたら、トレーニングにルールを設けることで強制的に獲得させる。そのために、こうしよう、ああしようと、キャンプ中はひたすら考えました。グリッドの横幅を狭めたり、タッチ数の制限をつけたり、逆に制限をなくしたりと、様々な工夫をしながら変化を加え、毎晩、毎晩、コーチ陣と「こうじゃない。ああじゃない」と議論し続けたことを覚えています。

少し話は逸れますが、指導者がよく使う言葉の一つに「三角形を作れ」というものがあります。ボールを動かすための基本的なセオリーです。しかし、三角形には正三角形、直角三角形、鈍角三角形など様々な形があり、「三角形を作れ」と言うだけでは具体的なイメージに結び付きません。裏を返せば、この言葉をかけられてすぐに実践できるのは、最初から理解している選手だけです。つまり、「三角形を作れ」は、理解している者同士の確認でしかないわけです。たとえば、トレーニングの中で「ワンタッチ制限」「リターンパスなし」といったルール付けを考えます。リターンパスをなしにすれば、ボールを動かすためには必ず3人が必要になり、また、ワンタッチでつながなければならないので、お互いが残る2人に対して同時にサポートできる角度と距離が大事になります。それを意識していくと、自然とボールを動かしやすい三角形ができあがる、というわけです。言葉で言わなくても、最終的にはトレーニングの中で獲得させることが重要であり、それこそが指導者の腕の見せどころではないでしょうか。

話を元に戻しましょう。では、私たちが望む「1トップ・2シャドーの関係性」を選手に獲得させるためには、どのように導くのがよいか。「動きすぎるな」「重ならないように」「いるべき場所にいろ」といった抽象的な言葉だけではうまくいきませんでした。やはりプレーに再現性が出ないのです。シーズンが始まっても、この課題は決定的には解決されないままでした。

前年からの積み上げがあったので、［3－4－3］でスタートした2017年はある程度、攻撃で主導権を握ることができていました。ところが、内容は悪くないながらも、特に6～7月は勝てない試合が続き、今ひとつチームが波に乗れない時期でもありました。もう1段、上のレベルへ行くには何が必要なのか。足りないものはわかっています。うまくいくときはうまくいくけど、再現性がない。継続性がないのです。

そんなとき、6～7月はリーグの中断期間があったので、その間に私たちは1トップ・2シャドーの関係性の向上について、改めてああでもない、こうでもないと試行錯誤を重ねました。そして、やがて一つのアイデアにたどり着くことになります。だったら「線を引いてしまおう！」と。

今から振り返ればあれは……

1トップ・2シャドーの攻撃について、2017年はこのようなトレーニングを何度も行っていました。『3対2＋3対3＋2WB＋2GK』です〈図7〉。3対2から楔を入れる形で、両サイドにいるのがWBです。ルールとして、WBはワンタッチ制限としました。その場合、どうやってWBを使うのかと考えると、一度中にボールを入れて相手を集結させ、そこからワイドに広げたとき、WBからワンタッチでクロスを入れ、反対側のシャドーやWBがゴール前に飛び込む。そういうシーンを増やす意図でした。もちろん、中央でそのまま破れればよいのですが、破れないときに相手を集結させ、より良い状態でWBを使いクロスからシュートという選択肢を加えるためです。

実際にゲームで起きていた現象として、特に相手が4バックの場合は、反対側のWBが空くシチュエーションが確実に起きるのに、それを良いタイミングで使

〈図7〉3対2＋3対3＋2WB＋2GK

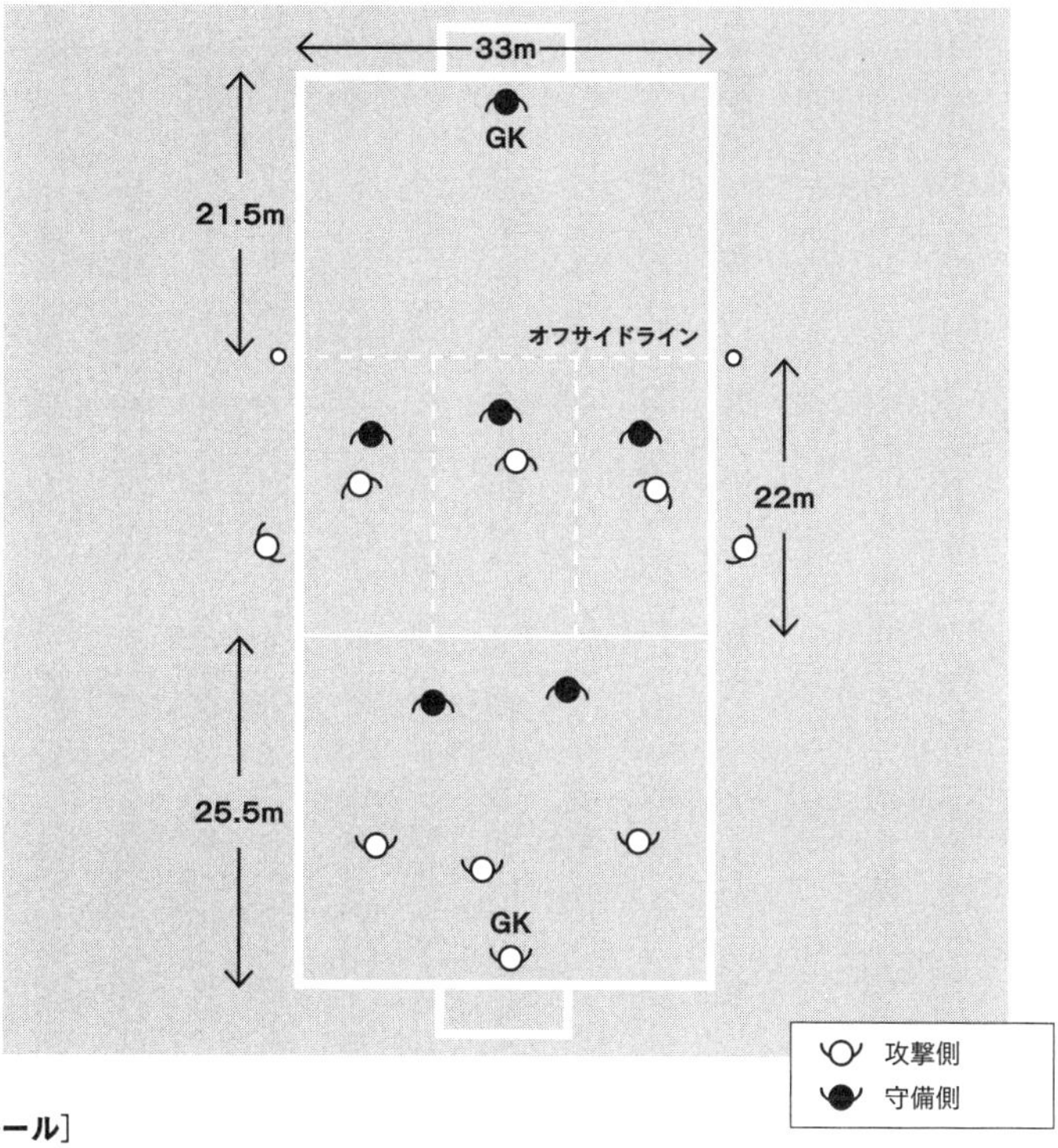

[ルール]

● WBはワンタッチ

[ポイント]

● 1トップや2シャドーはレーンを意識した上で、楔を受けたり背後を狙う

● 一度中に入れて相手を集結させてからワイドを使い、ワンタッチでクロスを入れる。クロスに対しては逆サイドのWBも入ってくる

い切れていない状況がありました。パスも各駅停車になってしまい、逆のWBに渡ったときには相手がスライドし切ってしまう。そんなシーンが多くありました。

本来は中央で崩したいけれど、それができないときには両ワイドがいるので、相手を中に集結させて、そこから速いグラウンダーのクロスを入れるとチャンスになる。それを強調する狙いがありました。ところが、練習を行うと、中の1トップ・2シャドーにあたる3人が、「最終的にWBに出せばいいんだ」という意識が強まり、相手を困らせる立ち位置の取り方、縦パスの引き出し方がいい加減になってしまいました。動き回って、ポジションがぐちゃぐちゃになってしまったのです。中央が3対3なので、マンツーマン気味についてくる目の前の相手の背後を一生懸命取ろうとするようなプレーも散見され、そのために動き回り、《レーン》を意識した立ち位置が取れていませんでした。これでは相手最終ラインの攻略イメージがつかめません。

そこでトレーニングの目的を整理するため、私たちは1トップと2シャドーがいるべき3つの場所に、マーカーで線を引き、「ここから出ないように」と新しいルールを設けたのです。1トップ、2シャドー、両ワイドの立ち位置を線ではっきりと分けました〈図8〉。当時はその言葉をまったく知りませんでしたが、後から思えば、まさに『5レーン理論』です。

レーン（ここで言う「レーン」は「5レーン」のことです）の可視化と制限を付けたことで、楔を受けるとき、1トップ・2シャドーの立ち位置が重なることがなくなりました。動きすぎないし、ボールにも寄りすぎない。選手の振る舞いが決定的に変わりました。選手が一生懸命に動き回り、気持ちよくプレーすることを「良し」とするのではありません。もちろん、それも大切な要素であると思いますが、《立ち位置》の原則を考えたとき、動きすぎたり、ボールに寄りすぎたりすることで、相手は誰も困らなくなってしまう。一人よがりで、チームの利益につながらない動きは、注視しなければいけません。

もちろん、何となくボールに寄って、たまたまうまくいくことはあります。最初からぐちゃぐちゃに動いて、実はものすごく重なっているけど、何となくワンツーしたら、密集をどさくさに紛れて抜けてしまった。それで点が入り、1－0で勝ちました。やったね！　でも、それはNOだと。その場では結果が出たけど、そのやり方を継続するのは「NO」。なぜなら、そういうゴールはその先何度も

〈図8〉 **1トップ・2シャドー・WBの立ち位置を線で分ける**

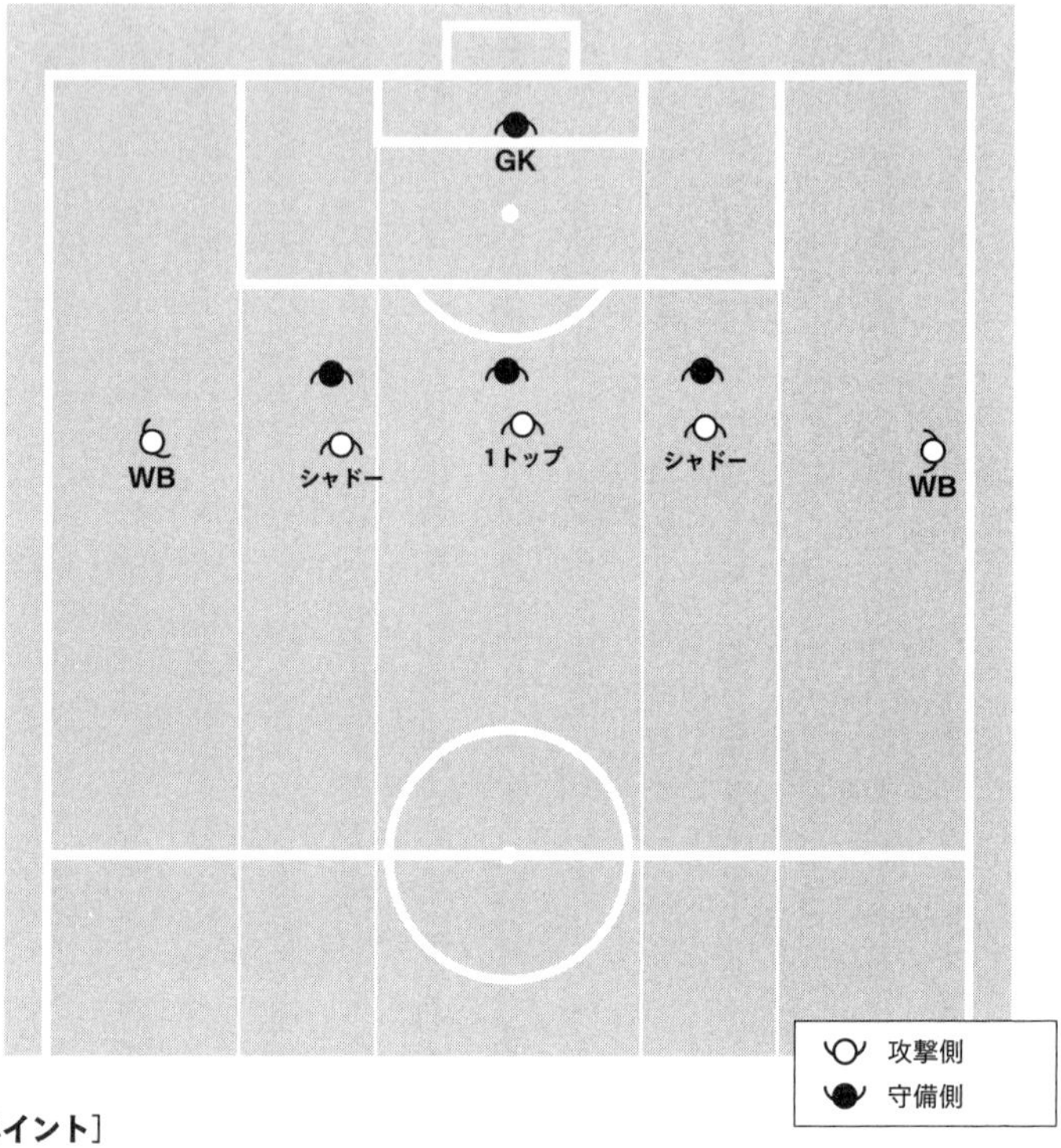

[ポイント]

1トップ・2シャドー・WBがいるべき場所をマーカーで線を引いて「ここから出ないように」と分けることでトレーニングの目的を整理した。この考え方は『5レーン理論』そのものだったが、同義であることに気づくのは後のこと生まれないし、強豪とは言えないクラブなら11人全員で知恵を絞って相手をやっつけるという戦術を身に付けていかないといけない。偶然ばかりに頼ってはいられません。ピッチ上で、いわゆる再現性を出せる戦い方を考えるべきであり、偶発的な結果に左右されないものを確立し、それを自信を持って選手に伝える。そのための眼を、指導者は持たなければならないと思っています。

チームが取るべき《良い立ち位置》。それを身に付け実践するためには、レーン（5レーン）の可視化と、そこから出ないという制限が必要であり、それらは「動きすぎない」ためのものでした。一つの言葉や原則で、全員が共通の絵を描けるというのは重要なことだと思います。また、そのためにはわかりやすい言葉、原則であることが必要不可欠です。

これを導入したことで、目に見えて変化が表れたのは、やはり西村でした。特に、逆サイドからの楔に対して、ボールに寄らなくなりました。というのも「楔は極力斜めに入れたい」というアプローチをずっとしていて、たとえば右CBから左のシャドーへ楔が入れば、それが一番理想的です。角度がつくので相手にボールを奪われにくく、また、1トップ・2シャドーの残る2人も、次のアクションを起こしやすくなります。

ところが、逆側のシャドーがレーン（5レーン）を越えて寄ってきてしまうと、1トップ・2シャドーの間で角度がつかず、また狭くもなり、アクションを起こしづらくなってしまいます。ボールを受けても、そこから仕掛けられないのなら、怖さがありません。相手DFとしてはボールを奪いにチャレンジしやすくなるし、仮に相手に収められたとしても、ここなら持たせても大丈夫となってしまいます。要は相手が困らない。そういうことを理解してほしいのです。

私たちが口酸っぱく言うと、西村はレーンを真っ直ぐ下りて、隣のレーンに入ることなく楔を受けられるようになりました。そこでボールを受ければ、ほかの1トップとシャドーが2対2になっているので、次に様々なアクションを起こすことができます。フリックして前に行ったり、あるいはターンして前へ持ち出し、ほかの2人を走らせたり。

また、DFが西村に食いつけば、その背中側へほかの2人が斜めに走ることもできます。基本的には《レーン＝DF間》を真っ直ぐ走るのがセオリーですが、2対2になった同数の箇所を破ろうと思えば、食いついたDFの背中を斜めに走ってゴールを狙う選択肢はもちろん効果的です。私はずっと「数的優位を作ろう」と言ってきましたが、中央の数的状況を考えたとき、ゴールへ向かう状況なら、1対1、2対2までは攻撃側に優位性があると思っています。逆に、これが3対3になると守備側にも守れる可能性がかなり出てきます。

それはなぜかと言えば、たとえばボールを引き出したシャドーに対する守備のチャレンジ&カバーを考えると、DF3人なら、お互いが多重的にカバーできるスペースが広く、次の展開を予測できる場所がDFにとって多く生まれるからです。

一方、2対2は、攻撃側からすれば単純に1人が動いてDF1人を食いつかせれば、ほかの場所は1対1になります。食いついてこなければ、前を向いた状況での2対2で仕掛けられるので、やはり攻撃優位です。2対2はそういう状況を比較的簡単に作り出せるので、ある意味では、最初から相手を困らせた状況とも言えます。だから、2対2の状況では変に2つのレーンだけを意識するより、流動性を促したほうがチャンスになりやすい。そのため、この場合はDFの背中へ斜めに走り、レーンを横切る選択肢もOKとなります。

こうした様々なアクションは、レーンを明確に分けることで整理しやすくなりました。単なる3対3ではなく、相手の最終ラインを崩すための《良い立ち位置》を整理したい。そのためにどうするか、という試行錯誤の流れで、レーンの線を引くことにたどり着きました。DFやボランチからの楔を、どこで受けるのか。受けて何をするべきか。ビルドアップの出口について、かなり整理することができたと思います。

これは私自身の今後の話にもなりますが、新たにチームを指導することになった場合でも、レーンは一番最初から提示すると思います。なぜかと言えば、それが原則だからです。動きすぎない、重ならないとか、それによって相手が困るということを獲得させるためには、「個人個人の《良い立ち位置》とは何か?」「それに基づく全体の配置はどうなるのか?」というところを、最初は制限を付けて、全員で共通意識を持って獲得しないといけません。それをやることで、「やっぱりうまくいくね」という感覚を持ってもらいたいのです。それを最初に感じることができなければ、その後に戦術を積み上げることもなかなかうまくいかないし、仮に即興でめちゃくちゃに動いて「何となくうまくいったね」となっても、それを次の場面でも同じように出そうと思ってもうまくいかず、「やっぱりあれは偶然だったからか……」となってしまいます。

いわゆる再現性というものを作り出すためには、自分たちの立ち位置、個人の立ち位置と全体の配置について、しっかりと提示する必要があります。そして、その型があるところから、動きすぎず、重ならない動きを身に付け、それこそが相手を困らせる効果があるということに気づいてほしいと思っています。

強烈な「個」と戦術をどう折り合わせるか

さて、話を当時に戻すと、レーン（5レーン）の線を引いた効果は、確実に表れました。それも劇的に。西村のような選手はそこから一気に伸びました。

それまでの指示は「ワンタッチの距離感で」「重ならないように」「動きすぎないように」といった抽象的で、ある意味では選手の裁量が多めに残されたものでした。しかし、そこからレーンの線を引き、「ここに立つ」「ここから動かない」

という細かく具体的な指示になったことで、やはりやりづらさを感じる選手がいたのも確かです。特にモビリティを出して勝負するタイプの選手は苦労しているなと感じていました。

ボールを引き出し、オンになったらとてつもないスキルやパワーを発揮できる。しかし、自分だけのタイミングでボールに寄ってしまい、立ち位置で相手を困らせることができないとなると周囲との関係性も乏しくなってしまうのです。チームの全体像を考えたとき、そのような選手が出場機会を減らしていくことは必然ではありましたが、彼ら一人ひとりのポテンシャルを思うと難しい決断ではありました。

最初に「チームとしてどのように勝つか」を定めた形があったので、心苦しさはありましたが、個人よりもチームを優先したことは間違いなくありました。1人がやりたいことがそのままOKではなく、実際にその1人の良い立ち位置がチーム全体の利益につながらなければいけません。それを前提として、全体の配置を決めているので、根気よくやり続け、理解してもらうようにアプローチしていきました。

もし仮にアンタッチャブルな存在をOKとするのであれば、その一個人が戦術となり、それがチームの利益に直結するということが大前提だと思います。とはいえ、実際にそこまでスーパーな選手が、私が指揮した頃の仙台にいたのか。あるいは日本という国に、それほどの選手が存在するのか。それは疑問です。

仮にそのような傑出した選手がいて、その存在をOKとするのかどうか、ジャッジするのは監督ですが、仮にそのようなタイプの選手を起用するのなら、置く場所も大事になると思います。バルセロナでペップ・グアルディオラが実践したゼロトップのように、中央にリオネル・メッシをフリーマンのような形で置くか。あるいは［4－2－1－3］の3トップの下に置き、フリーマン的に振る舞わせるか。ポジショナルなサッカー、《良い立ち位置》をベースとしたサッカーの中に、個の王様を置くとしたら、やはり一番前か、その一つ下のどちらかではないかと思います。

もちろん、そのトップ下の王様も、ダブルボランチの位置を見ながら関係性を持って動かないと効果的ではありませんが、仮に例外的な能力を持つ選手がいるのなら、そうやってある程度は自由にプレーさせる起用法も考えられます。

ただし、現状で対世界を考えたとき、1人の個がチームすべてを動かし得るようなレベルの選手が日本において出てくるかと考えてみると……。正直難しいと思います。やはり《良い立ち位置》で相手を困らせ、全員でやっつけようと考えることが、ベースになるのだろうと思っています。

経験のある選手は過去にうまくいった成功体験、体に染み付いた習慣があるので、最初は新しいやり方、立ち位置の取り方に戸惑っていました。その点で言えば、若い選手たちは色がまだ薄いので、新しいことの吸収は早かったと思います。すでにあげた西村はもちろん、2019年にチームにいた吉尾海夏も、最初は動きすぎていたのですが、「止まって我慢しろ」と言い続けたところ、シャドーの感覚というものを、すでにキャンプの終盤にはつかめるようになっていました。

やはり変化や吸収に関しては、若い選手のほうが早かったのは確かです。もっとも、年齢や経験の有無にかかわらずあらゆる選手を成長させてこそ本物の指導者であるので、今後も決して先入観に捉われることなく、根気よくアプローチしていきたいと思っています。

そして、もう一つ、このような特徴のある「個」を活かす方法としては、試合に応じて起用法を変えることでチームの力になってもらう、ということが考えられます。つまり、この対戦相手にはこういうタイプを並べる、という考え方です。ある程度戦術が浸透した後、先々の試合を考えていくと、「動きすぎるな」だけではおそらく太刀打ちできません。たとえば、我々のやり方を研究し、マンツーマンではめてくる戦術を取ってきた相手には、「1人で2人を困らせる」という立ち位置が意味をなさなくなります。そうなったら、レーンよりも対人で食いつかせ、相手の背中をいかに取るかが勝負になってきます。そこで増えてくる1対1の機会を個の力でひっくり返せば、大きなチャンスになります。実際そういう意図を持ってゲームプランを作り、試合で機能する場面を作り出すこともできました。特徴のある選手と戦術のギャップは起用法で埋めることができる、と言うことができるでしょう。

相手が我々のやり方を研究し始めたら、今度はあえて人を動かし、ズラしていく。ただし、動かした中でも、自分たちの全体的な配置、個人個人が持っている「相手2人を困らせる」という立ち位置の原則は外さない。そうした、次のステージへ向かう戦術が必要になってくるので、それらを総合的に落とし込んでいけば、より多くの選手がうまくチームに順応できるのではないかと考えています。

たとえば、先程「ボールを動かすために三角形を作る」という例をあげました。ワンタッチ制限、リターンパス禁止のルールを付けることで、選手はトレーニングの中で自然と三角形のイメージを習得するようになります。

ただ、そのようなルールのトレーニングに慣れてくると、今度はわざと一直線に並ぶ選手も出てきたりするのです。中央の選手がスルーして、奥の選手が受ける。スルーした選手がそこへもぐっていく。これならリターンパスにならないし、ワンタッチでもプレーできます。角度や三角形をあえて作らなくてもいいでしょ、と。

これがベースに基づいた「自由」です。素晴らしい発想です。三角形を作るという原則を理解した上で、なおかつ瞬間的にそういう形に変化することができれば、相手をより困らせることができます。このように、原理原則の習得から次のステージへ進む過程を、チーム全員の共通理解の元で進んでいく。それは素晴らしい時間であり、そこからさらに進化を遂げ高みへと導く。それこそが指導者の醍醐味であると思っています。

２０１６年あたりからコーチ陣と一緒に、あるいは選手と一緒に、「ないものから作り上げていく」作業に多くの時間を費やしました。でも今はもう、その築き上げた産物は私の中にあります。これからはそこからスタートできるので、最初の落とし込みは仙台でやっていた頃より、はるかに短い時間でやれるはずです。次のオプションにも素早く進むことができるでしょうし、その過程で様々なタイプの選手をチームに乗せていけると思っています。あの頃、うまく組み込めなかった選手を含めて――。これは当時の私の反省点でもあります。

ポジショナルフットボール実践論

3章

渡邉式ポジショナルプレー

～言葉の魔法～

自分たちだけの「共通語」を作る

本書では説明のために使っていますが、実は私はピッチレベルにおいて、『スペース』という言葉を用いたことはほとんどありません。その理由を改めて考えてみると、『スペース』と言われたときに、私が考える『スペース』と、選手が考える『スペース』の意味が一致しない可能性があるからだと思います。一般的にサッカーで使われている言葉は、利便性が高い反面、お互いがどう理解をしているのか意外と曖昧だったりします。それゆえ、『スペース』という言葉についても、その言葉の意味とプレーを結びつけるために、《レーン》《剥がす》《もぐる》といったピッチ上の現象とそのイメージが直結する表現を使うようにしました。2019年は《箱》という言語も使っています。[4－4－2]でブロックを組む相手の『4－4』の部分、相手のCB、SB、ボランチ、SHで作られている四角形を《箱》と呼びました。相手が5バックの『5－4』でブロックを組んでも、同様の四角形が生まれます。いわゆる『ライン間』のようなものですが、基本的にはシャドーが立つ場所のことを《箱》としました。それも結局は『スペース』を表すための呼び名であり、今にして思えば、私が使っていた言葉のほとんどは、『スペース』を意図的に扱うためのものだったと思います。

そして、大前提はやはり「1人の立ち位置で2人を困らせる」ということです。《箱》を例にすると、その選手は《箱》のどこに立っているのか。相手1人を困らせているのか、2人を困らせているのか、あるいは4人を困らせているのか。最後に自分たちが破りたいのは相手最終ラインの背後なので、その《箱》からレーンを走る準備はできているのか。足元で受けるだけでは相手の最終ラインは何も怖くないので、その立ち方は2人を困らせているのか。そこが一番の肝です。

我々が意図して使いたい『スペース』を選手に伝えるために、私は様々な言葉をチョイスしてきました。少なくとも指導者と選手の間では、「言葉はしっかりとした共通の意味」を持っていなければいけません。『スペース』もそうですが、メディアで一般的に使われている言葉をそのまま使うことの危険性は大きいと感じていました。それぞれの解釈が異なり、誤解の元になるからです。だからこそ、メディア言葉のようなものを、あえて除外する作業もしました。逆に、新しい言葉を作れば、真っ白の状態で共有できるメリットもあります。指導者にとって、言葉に対する意識は重要であると思います。

パス1本で置き去りにするCB→WBの《切る》

《箱》のほか、《切る》という言葉もよく使いました。すでに《剥がす》（シャドーがランニングして相手DFを引き剥がすこと）は説明しましたが、それとセットになる戦術的行動です〈図9〉。

たとえば、3バックの右CBがボールを持ったとして、その斜め前方にいる右WBがパスを受ける場面で、その間に立っているのが相手のSH、あるいはシャドーの選手です。この相手を、右CBからWBへのパス1本で置き去りにするのが《切る》というアクションです。ここで相手を置き去りにできず、その手前でパスを受けてしまったら、プレッシャーを受けて前進できず、やり直しになって

〈図9〉**WBによる「切る!」**

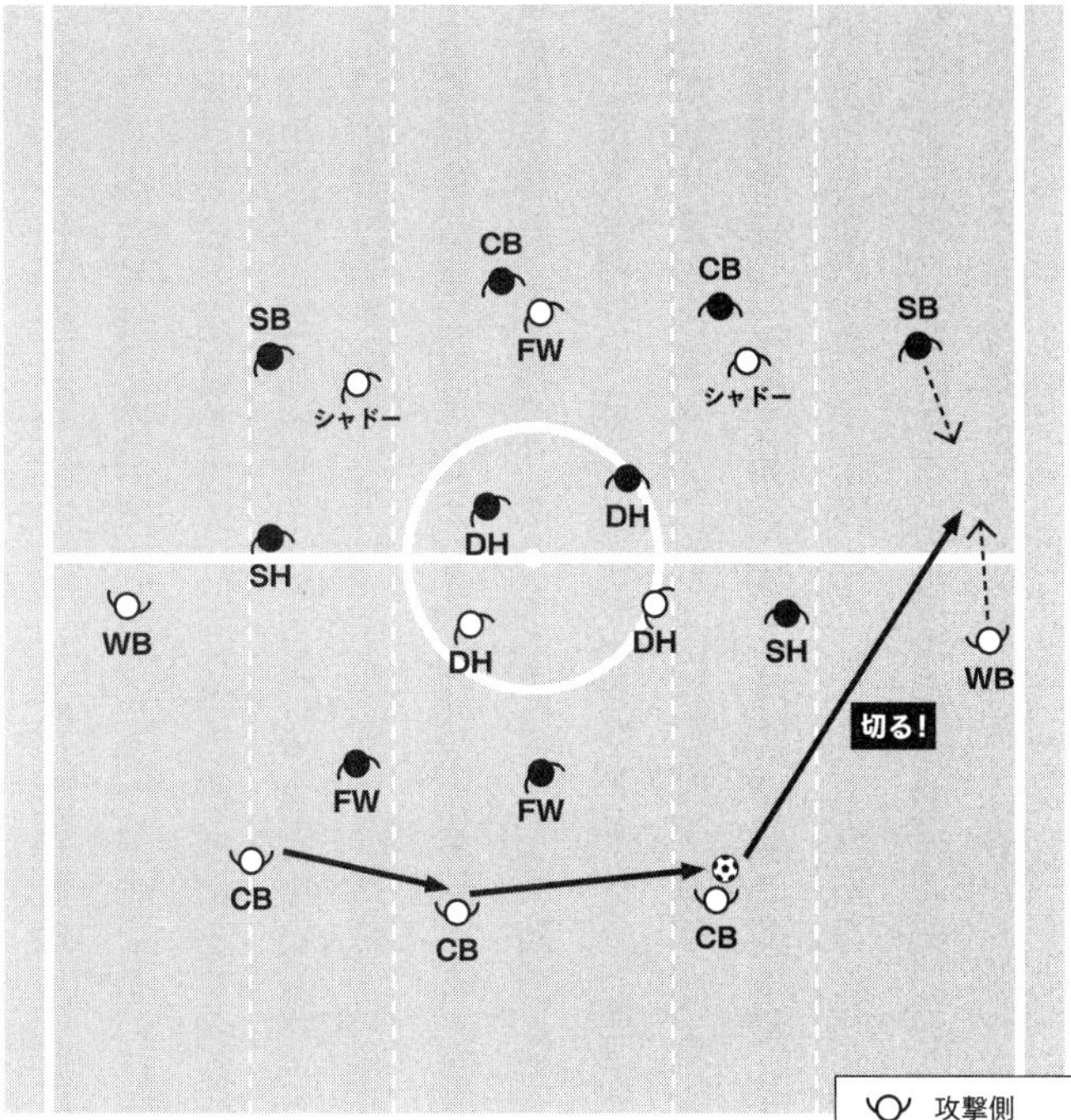

［**ポイント**］

相手を1本のパスで置き去りにするのが『切る』というアクション。上図では、CBからWBへのパスで相手SHを置き去りにしている。相手SHの手前で受けて前進できずやり直しになるのではなく、WBがパスを受けた時点で相手を置き去りにすることを出し手も受け手も意識するしまいます。だから、その相手の横か、あるいは前にポジションを取り、パスを受けた選手が相手を置いていく。それを私たちは《切る》と呼んでいました。

我々の志向として、中央でコンビネーションをしたいのですが、基本的に相手はそれを閉じようとするので、サイドから前進する選択肢も持たなければいけません。ところが、この《切る》という作業をやらなければ、なかなか前進ができないのです。

WBが味方の最終ラインからボールを引き出して、そこからシャドーとの関係性でいわゆるハーフスペースの裏を取って出て行くことは攻撃の一つの形ですが、《切る》というタイミングをなかなかつかめず、苦労した選手もいました。左右のCBがボールを出せますよ、というコントロールをしているのにそのタイミングで自陣側に戻ってきてしまう。自分のオン・ザ・ボールでのミスはないのですが、相手にとっては何も怖くないし、困らないし、状況が変わらない。もちろん、思い切って出て行こうとすれば相手のSBとの距離が縮まり、そこでボールを奪われるなどのミスも起こり得ます。

しかし、兎にも角にもチャレンジしないと、我々としては相手ゴールに迫ることができません。オン・ザ・ボールのミスを怖れて切れずに後退するのか、勇気を持って切って前進して行くのか。何気ないプレーですが、チームにとっては重要なプレーの一つです。たとえば蜂須賀孝治。彼はよく試合中に、「切れてるよ！ 切れてるよ！ 早くちょうだい！」と言っていました。決して怒ってキレているわけではありません。自分の立ち位置ですでに相手を切れている状態なのか、それとも、今もらえばコントロールして切れる状態に持っていけるのか、そこにはシチュエーションの違いはありますが、いずれにせよその瞬間の彼には「今受ければ切って前進できる」という確信があったに違いありません。蜂須賀はこちらが求めていることに、貪欲にトライしてくれました。彼自身も成功体験を積み重ねて良くなっているのを感じていたはずです。

一方、《切る》ときに注意しなければいけないのは、先に入りすぎてしまうことです。WBの立ち位置が相手SHを切れていても、深く入りすぎると、今度は相手SBなどワイドで対峙する相手SHとの距離が近くなってしまいます。だから、行きすぎてもダメで、いわゆる『ライン間』のようなものを意識し、自分がボールを受けたときに、そこにいられる位置を考えなければいけません。それは本当に50センチ、1メートルの立ち位置の違いであり、出し手の場所や、ボールスピード、ボールの回転などにも関わってくることです。

結局、この《切る》というプレーにおいても、立ち位置として「2人を困らせる」という原則、そしてその共通理解が元になるのです。そうでなければ、ボールが通った、通らなかったという現象が出たとき、「なぜ通らなかったのか？どうすればいいのか？」を考えても、共通の答えは生まれません。出し手側は「お前がそこに立っているから出した」、受け手側は「欲しくないタイミングで出てきた」と水かけ論になってしまいます。

そこに「立ち位置で2人を困らせる」という原則があれば、問題が立ち位置にあったのかそうでないのかは明らかとなります。また、もし立ち位置が間違っていたのにそのままパスしてしまったとしたら、間違っているとわかって出した側にも問題はあります。なぜうまくいったのか、なぜうまくいかなかったのか。全員が共通の答えを持つためには、チームの原則が必要です。それが私たちの場合は、「1人で2人以上を困らせる立ち位置」でした。

WBの《留める》で味方に利益をもたらす

《切る》という言葉は、私は仙台に来てから使い始めましたが、他チームでもよく使っている、という話は聞いたことがあります。また、一般的にはパスコースを切るとか、守備のイメージで使われることも多いかもしれませんが、私は守備時のアクションは『切る』よりも『消す』という言い方をしました。

いずれにせよ、指導者と選手の間では言葉の意味が一致していなければいけません。WBについて付け加えると、《切る》のほかに《留める》も使いました。

たとえば、ゲームの中で、私たちの3バックが相手の1トップ・2シャドーに同数でプレッシャーを受けることもありますが、最初はそこをヘルプするために、WBを落として、ビルドアップの出口を作っていました〈図10〉。ところが、その場合はWBも相手のWBに思いっ切りプレッシャーをかけられてしまうので、その後の逃げ道とすると、フリックして中へ落とす以外にありません。それがうまくはまれば、相手の重心を利用して背中を取ることはできますが、やはりフリッ

〈図10〉**WBで出口を作る**

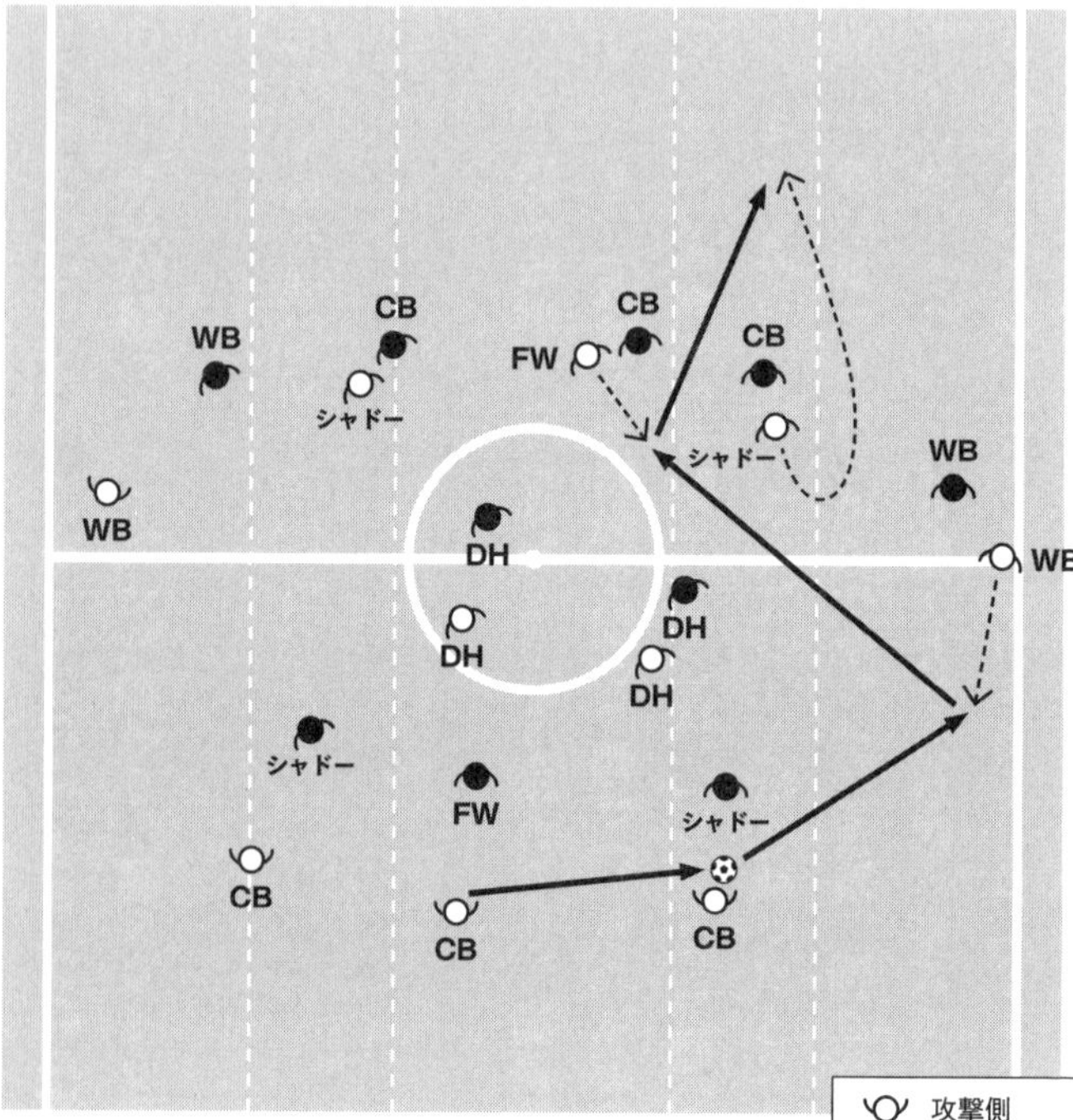

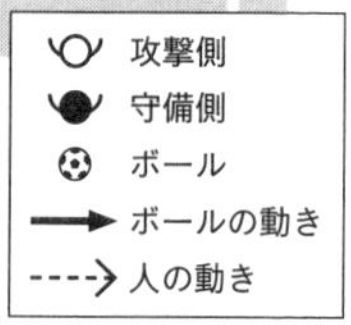

[ポイント]

3バックが相手の1トップ・2シャドーに同数でプレッシャーを受けるとき、WBを落として、ビルドアップの出口を作る。ただ、その場合WBは相手のWBに思いっ切りプレッシャーをかけられてしまうので、フリックで外すと効果的だが相手にも予測されやすいクの後がなかなか続かない、ということが多かったのです。

そこで次に考えたのは、WBには高い位置を取らせたままで、シャドーをサイドへ落とすこと〈図11〉。そうすると、相手WBは我々のWBに気をとられ前に出られないので、シャドーがフリーになり、ビルドアップの出口として選択肢に加えることができます。このようにWBが高い位置を取り続けることで対峙する相手のポジションを釘付けにし、味方に利益をもたらすことを《留める》と呼んでいました。

ただし、このように外に落としたシャドーにボールを持たせれば、ビルドアップの出口としてはOKですが、その後にWBがどこにいるべきか。次はここが重要になってきます。シャドーが前を向いたとき、WBはずっと相手を留めたままではなく、内側のDF間の《レーン》を取りに行こうとすれば、中のDFを含めて2人を困らせることができます〈図12〉。

そうなると、1トップへ斜めに刺すコースが空きます。シャドーがオープンにボールを持てば、相手のWBは前に出てくるので、シャドーから縦に出してWBを走らせてもいいし、中の1トップへ刺して展開してもいい。そういうことをア

〈図11〉 **WBが相手WBを留める**

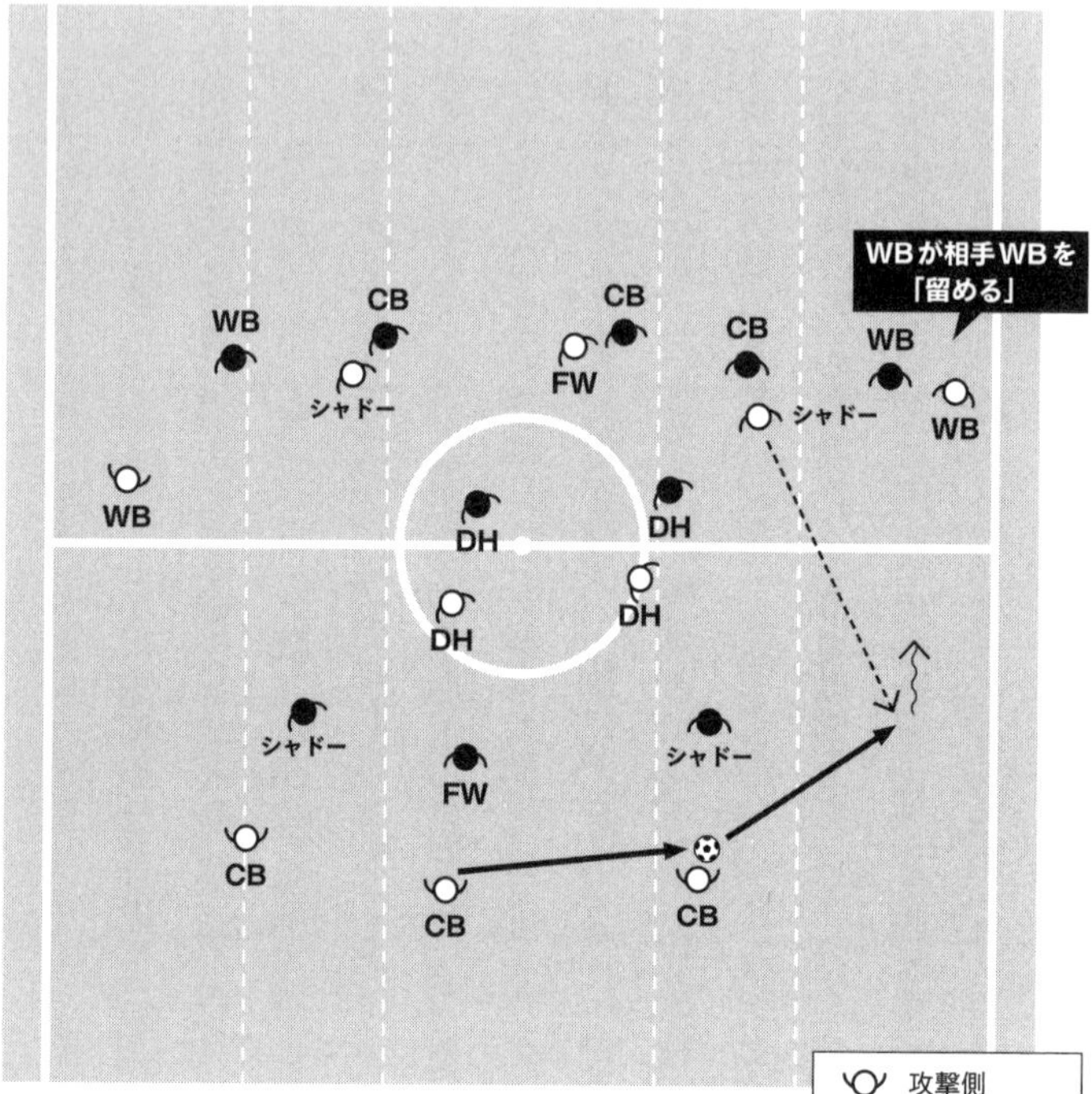

［ポイント］

WBに高い位置を取らせたまま、シャドーをサイドへ落とす。そうすると、相手WBはWBを気にして前に出られず、シャドーがフリーになるので、ビルドアップの出口として選択肢に加えることができる

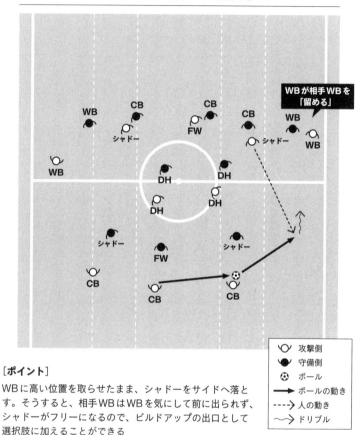

〈図12〉**WBが隣のDF間のレーンを取りに行く**

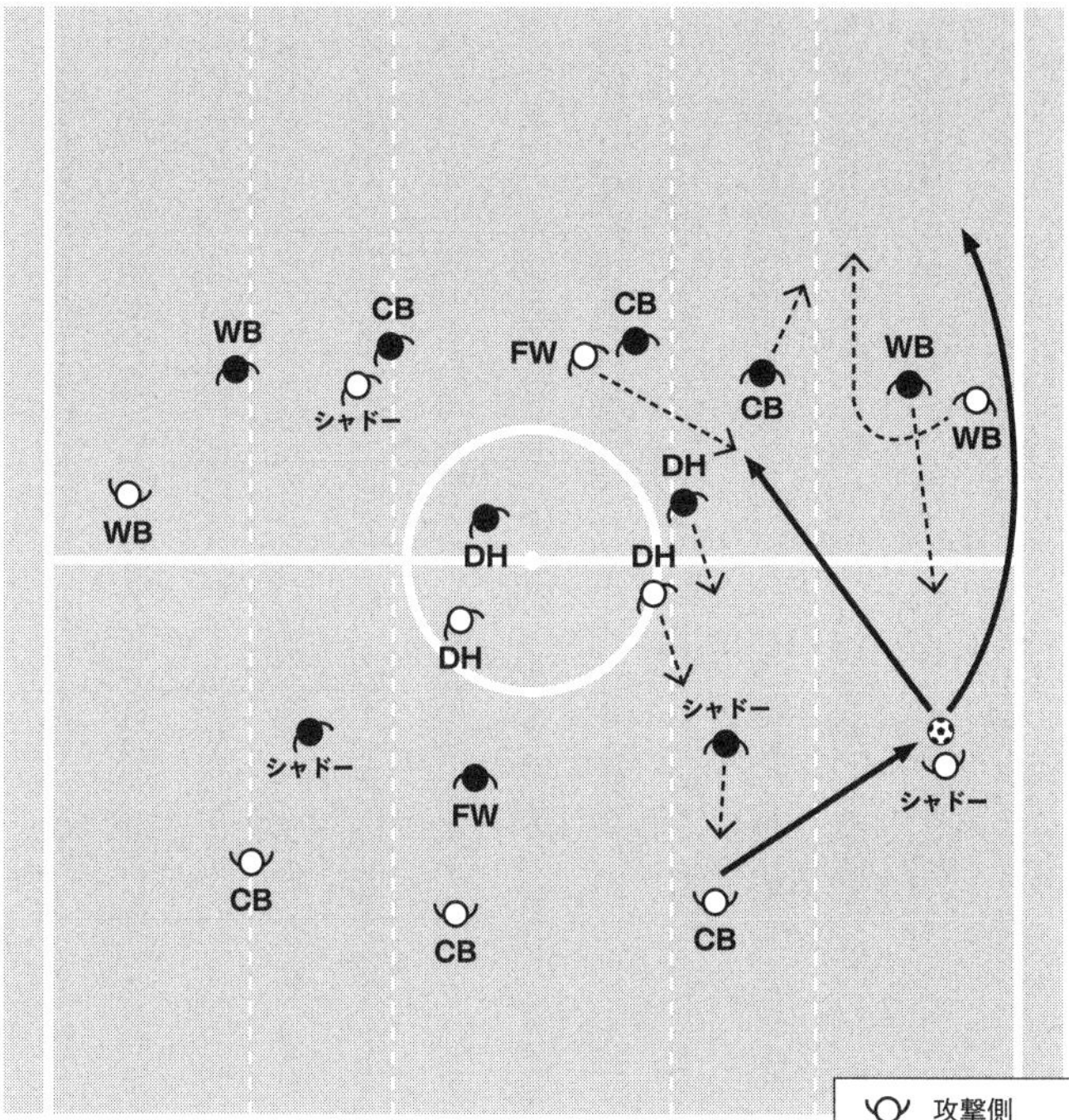

[ポイント]

ボールを受けたシャドーが前を向いたとき、WBが相手を留めたままではなく、隣のDF間のレーンを取りに行くことで、中のDFを含めた2人を同時に困らせることができるイデアとして持つことができました。こうして説明しているだけでも、WBに求められる役割は、特に攻撃面で実に多彩です。SBとしてやってきた選手は、まず見える景色が異なり、それまでの役割と違うタスクも担わなければなりません。アタッキングサードで仕掛けることができるか、オフ・ザ・ボールの立ち位置はどうなのかといったことを常に考えてプレーする難しさと、同時に楽しさも感じたと思います。もちろん、走力的にも果敢に上下動しなければいけません。もともとSBだった選手にはそれぞれの特徴があるので、合う合わないがあるのは当然です。そんな選手にとって、そうした役割を整理する上でも、《切る》《留める》といった言葉は重要でした。

こうした共通語の選択については、《レーン》のような例外はあるとしても、なるべく日本語を使うようにしてきました。そもそも仙台は外国籍の選手が少なかったこともありますが、基本的に言葉と動きが直結していないと意味がないと、以前から思っていました。その点で外国語は、『ダイアゴナル』はさすがにわかるとしても、意味が曖昧な言葉がたくさんあります。たとえば昔、ゲーム中に「レイオフ、レイオフ」と言う選手がいました。プレーしながら「レイオフ」と言っていて、「え？　何だろう？」と本当に頭の中に「？」が付いたことがありました。そんな経験もあり、全員がわからない言葉、直感的にイメージが湧かない言葉では意味がないので、なるべく日本語のほうがいいだろうと考えていました。

そう思うと、当時の通訳は大変だったかもしれません。そもそもポジショニングと言わず、《立ち位置》ですから。そう、その「ポジショニング」という言葉も捉え方が様々だと感じていました。それぞれに「ポジショニング」のイメージがあり、それぞれにその正解があるはずです。しかし、私がチームで強調したいことの一つが「動きすぎないこと」だったので、「そこに立つ」という意図で、《立ち位置》という言葉を使ってきました。「箱の中央に立つんだ！」と。もちろん、絶対に日本語でなければならないということはなく、英語でも和製英語でも、わかりやすければ問題ありません。要はその言葉一つで、共通した一つの絵を思い浮かべることが大事なので、わかりやすい言葉にしたということです。

初めて聞く言葉でも構いません。逆に初めての言葉なら、まっさらな状態なので理解を統一できるかもしれません。ただ、それが難しすぎると今度は浸透しにくくなるので、結局は私がピッチ上でよく発していた言葉がそのまましっくりきた、というケースが多かったと思います。

ボールを奪った瞬間の逆サイドへの《解放》

1人の立ち位置で相手2人以上を困らせ、チームに利益をもたらす。それを11人が意識する。《立ち位置》の共通理解については、いち早くチームに浸透させることができたと思っています。そのほかにもスペースに関する駆け引きの言葉として、《レーン》《剥がす》《もぐる》《切る》なども浸透していきました。

それ以外では《解放》という言葉もあります。特にボールを奪った後の話ですが、相手が密集してプレッシャーをかけてきたところを外そうとするとき、我々には必ず逆サイドにWBの選手がいるので、「多少見えていなくても、逆サイドに広げなさい」と。それを《解放》と言っていました。

サイドチェンジにも似ていますが、ニュアンスとしては「脱出」です。攻守の切り替えの瞬間、ボールを奪った後の密集地からボールを《解放》させようと。

そういう意味合いで使いました。もちろん、奪った後は前につけるのが一番ですが、厳しいプレッシャーも受けるので、前が無理なら逆サイド、という二択をあらかじめ用意するわけです。選手もよく自分たちがボールを奪った瞬間、「解放！」と言ってプレーしていたので、これも浸透した言葉だと思います。

その一方、少し難しかったのは、言葉が浸透した反面、当初こちらが抱いていたイメージとは少し違う浸透の仕方もあったということです。最終ラインを《剥がす》動きについてはこれまでも述べてきましたが、最初はペナルティーエリアの中へ向かっていくような、剥がし方が理想だったのです。《剥がす》という言葉とプレーに、相手を引き連れてスペースを作るといった犠牲的かつ献身的なイメージが付きすぎてしまい、ゴールから遠ざかるランニング一辺倒になってしまったのです。本当は中と外、両方の選択肢を持ってほしかったのですが、イメージの違う浸透の仕方になってしまいました。

実際に当時のノートを見返してみると、最初に行ったトレーニングではマンチェスター・シティのケヴィン・デ・ブライネがボックスの中へ入って行くようなインナーラップで、そこへパスを出し、グラウンダーのクロスを折り返してシュートという流れを実践していました。その上で「これが《剥がす》だから」と伝えていたのです。それでも、実際のゲームになると、特に相手が5バックで守ってきたときは、なかなかそこへ入り込めるスペースがありません。そこで「剥がしてくれ」「剥がせば1トップへ刺せるから」という選択肢を作る中で、だんだんと外へ向かって走ることが《剥がす》に変わっていきました。

その結果、「とりあえず俺、剥がします！」といった、初めから犠牲ありきの動きが増えてしまった面もあった気がします。今思えばですが、もしかしたら《剥がす》という言葉はうまく浸透させられなかったと言えるかもしれません。

「5ゾーン？」選手に響かなかった言葉

これは余談になりますが、指導者として言葉にこだわりを持つ中で、失敗だったこと……選手に響かなかったこともいくつかありました。その一つが『5レーン』に関わるものです。この言葉が日本に出てきたとき、私たちはすでに《レーン》という言葉を独自に作り、使っていました。キャンプで石原のランニングを見たとき、「これだな。何て呼ぶ？ 名前を付けたほうがいいな」と私が言い、小林慶行コーチがボウリングのレーンのように真っ直ぐ走る、という意味で《レーン》と考えてくれました。もっとも、この前彼に会ったとき、何かの流れでその話になりましたが、「いやいや。名付け親はナベさんだったでしょ」と言われたので、もしかすると私なのかもしれませんが……。

そんな経緯がある中で『5レーン理論』という言葉を後から知ることになりました。ただ、その考え方はわかりやすいと感じたし、私の中でも腑に落ちたものがあったので、チームでも活用したいと思いました。とはいえ、一般的に使われている言葉はできるだけ避けたかったのもあり、何より、我々には相手DF間を真っ直ぐに走る、その場所こそが《レーン》だったので、それと区別するために、選手に「うちでは5ゾーンと呼ぶぞ」と言いました。その成果はというと……これが見事に響きませんでした。

最近は選手も各々でたくさんの情報を取っているので、『5レーン』という言葉も知っていたのだと思います。何より、その構造を彼らは実践しながら理解しているのですから。案の定、「5レーンなんて知ってるし。それを今さら5ゾーンとか言われても……」という反応になり、見事なまでに響きませんでした。私がメディア言葉を避けようとしすぎて、そんなふうになったこともありました。

実は『ハーフスペース』という言葉も最初は使っていませんでした。そもそもシャドーの立ち位置がそのまま『ハーフスペース』の場所になるので、それほど使う必要性がなかったというのもあります。ただ、ボールを動かしながら、特にWBがボールを持ったときに味方が『ハーフスペース』に立つことと、そこから相手DFを《剥がす》アクションが大事になる中で、その位置に良いタイミングで人が立てないこともありました。ここにいてほしい、「ここ」というのは『ハーフスペース』ですが、何と呼ぼうかと思案しました。結局、『ハーフスペース』は使わず、しばらくは《WBの横》と言っていました。立ち位置やレーンの考え方を理解していれば、《WBの横》と言うだけでも、「ここだな」という位置をつかみ、寄りすぎないサポートができると思ったからです。

ただ、後から出てきますが、2019年はシステムを再び4バックに変更したので、WBがいなくなりました。そうなると、《WBの横》という表現は使えません。そのときは致し方なく、ミーティングで「今日からここをハーフスペースと呼ぶ!」と伝えました。選手はクスクス笑っていました。「やっぱりそうだ!」「結局ハーフスペースじゃん!」と。《WBの横》よりも便利だったことは認めざるを得ません。

選手に響かなかった言葉はほかにもありました。『縦楔』と『横楔』です。一般的にはCBやボランチなどから、前線へ刺す縦パスのことが『楔』ですが、私は横から、つまりサイドから中央へ刺すのも『楔』だと捉えていました。WBから手前のシャドーや1トップ、ときには奥のシャドーへ刺すイメージです。これも『楔』だと思っていたし、浸透させたかったので、私は『縦楔』『横楔』という言い方にしてみました。これも結構使っていたのですが、選手には浸透しませんでした。なぜかと理由を考えると、やはりシーズン途中から「こうやって呼ぶよ!」という強引な用語の提示はダメなのかもしれません。当たり前ですが……。ピッチで言い続けて自然と浸透するか、あるいはシーズンの頭にポンと提示するか。おそらく、そのどちらかしかなく、私たちもシーズン中によかれと思っていろいろと考えて作ったりしたのですが、響かないこともありました。私が使っている言葉には、手倉森誠さんが監督時代にコーチを務めた6年間で、誠さんが使っていた言葉もいくつかあります。たとえば、《もぐる》は誠さんがよく使っていた言葉です。

《剥がす》《切る》《立ち位置》《解放》なども含めて、言葉を生み出したというよりは、流れの中で私が自然と使っていたものでしたが、こういう言葉を整理して、実際、シーズンの頭にポンと提示することができたのは、仙台を率いて5シーズン目、2018年になってからでした。それまでは何となく、私たちがピッチ上で発している言葉と行動を、時間とともに作り上げていく感じでしたが、「仙台ではこう言います。この言葉はこういうプレーです」といった定義を、新しい選手に対して映像を元にシーズンの始まりにきっちりと整理した形で打ち出せるようになったのは、最後の2年くらい、2018年と2019年のことでした。

監督、コーチ、スタッフ、そして選手。お互いが過ごした時間の長短にかかわらず、一つのチームとして共通理解を得るために、言葉やプレーの定義をしっかりと整理することはやはり大事なポイントだと思います。

継続は力なり。少しずつ変貌していった仙台

WBの原則のほかにも、克服しなければならない課題の一つに、ビルドアップの出し手の質を向上させるという点がありました。前章にあった「前線で動きすぎる選手」が出てしまう原因は、その選手の特徴やプレーの癖もありますが、出し手側にも起因します。相手2人を困らせるポジションを取っているのに、その瞬間にパスが出てこない。DFやボランチが見ていない。1トップ・2シャドーはそういったストレスが増えることで、「一度ボールに触らせてくれ」と動き始めてしまうわけです。もちろん、それはチームの仕組み上、NGではありますが、その一方でパスの出し手の問題を解決することも考えなければいけません。最終ラインの選手たちが刺せるタイミングで刺せないということがまだ多くありました。

どれくらい勇気を持ってプレーするのかも大事ですが、単純に最終ラインでボールを動かすときのパススピードやテンポが遅かったり、コントロールの時点で次

にボールを蹴れる場所に置けていなかったりすることがありました。ピタッ、ピタッと止めて、ボールスピードを上げ、コントロールからパスまでの時間を短くすることができれば、いつでも楔を打ち込めるのに……。言うは易しですが、この課題を克服するには辛抱強く取り組む必要がありました。

ただ、選手もわかっていたと思います。「ナベさん、それわかってるんだよ。でも今のはコントロールがズレちゃったから……」と。こちらも「わかってる」「わかってるんだ、でも……」という感じでした。だからこそ、いわゆる「止める・蹴る」の質を上げていかなければいけません。チーム練習が終わった後、何でもないパスのトレーニングに取り組む選手の姿をよく目にしました。全体像を共有し、いつどこに誰がいるというのがわかっているからこそ、コントロールさえパッと決まれば、次の展開をスムーズに生み出すことができる。やはり最後はパスやコントロールの質になってくると私だけではなく、選手も含め全員が感じていました。これはもう根気よくやり続けるしかない。毎日毎日やることで、どれくらい効果を上げられるか、どれくらい向き合えるか。あるいは我々がどれくらい向き合わせることができるか、それに尽きると思います。本当に何でもない地味なトレーニングでも、これができないからうまくいかないんだ、という認識を持たなければいけません。

キャンプ初日に、パスの成功率を持ち出して、「去年の何%から今年はこれだけ上げるぞ」と伝えるなど、数字を使って刺激したりもしました。実際に数字は年々良くなりましたが、それは間違いなく、選手たちが日々真摯に取り組んだことの成果だと思います。

平岡康裕もできることがかなり増えた選手の一人です。彼のプレーは清水エスパルス時代から見ていますが、基本的には4バックの中央で、ビルドアップは無理なくというか、セーフティにプレーする堅実なタイプだと見受けられましたが、仙台に来て3バックの中央をやったり、外をやったりする中で、やれることが毎年増えて、メキメキ成長したと私は感じました。「これはちょっと難しい」という素振りや言動も一切なく、基本的に「そうっすね！」という感じで、まずはやってみようとする姿勢で取り組んでくれました。

パスやコントロールの質を向上させていくという点でいうと、チームやグループとして、イージーなミスは許されないという空気感にしていくことも大事です。

質が高いチームほど、できて当たり前のことを1人や2人ができないと、明らかに浮いてしまいます。そうなると、どんどん外されていく。それは監督にメンバーから外されるというだけでなく、チームメートからも受け入れられないという雰囲気が生まれてくるのです。

そういうスタンダードの高さを、どれくらいチームとして持てるのか。質の高い選手が揃っている質の高い空間、そうした雰囲気をいち早く作り出すことが、質を上げる近道だと私は思っています。そのような意味においても、石原はパスの出し手に厳しく要求していました。「何で今出さないの？」「出せるだろ」と。

私は彼の言動を見ながら、これこそがプロフェッショナルだと思っていました。コミュニケーションを取り、「なぜ出せないのか」と問われることで、技術の失敗だったのか、タイミングの問題だったのか、あるいは見えていなかったのか、そこで初めて原因がわかるわけです。

でも、それが不明瞭なまま、いつになったら出てくるのかとボヤいて待つだけでは、チームの成長にはつながりません。また、パスが出てこないからと、動きを止めてしまったり、「俺によこせ」と勝手にボールに寄ったりするのは、チームとしてやりたいことから逸脱することになります。

石原のプロフェッショナルな態度に触発され、立ち位置や動き方を覚えた西村も、どんどん要求するようになり、2017年で言えば、三田啓貴もその一人です。その年は彼がまさにチームの中心になっていたので、彼はパスの出し手として、「今そこに動いてくれないと！」と要求することが徐々に増えていきました。

2017年の最初は手探りの部分もありましたが、チームとしての原理原則を少しずつ積み重ねて、形が見えてきた終盤の頃には選手がそれぞれに意見を出し合い、議論しながら取り組んでくれたと思います。ただし、だんだんボールを握ってビルドアップできるようになってくると、必ず現れるものがあります。それは、相手のカウンターへの対処です。

我々は《レーン》の取り方や楔の意識を共有し、それを実践できるようになってきましたが、一つの傾向として、まだ全体が押し上がっていない段階（自陣の半ばくらい）でも、最終ラインが「パスコースが見えたから」「相手の最終ラインが高かったから」と拙速に狙うようになります。もちろん、その判断や選択がすべて悪いわけではありません。ただ、それが手前で引っかかると、間延びしているところでセカンドボールを拾われ、前線の3枚ないし5枚が置いて行かれてしまう。そういう状況を生み出してしまう問題が頻出してきました。

それまでは《レーン》を探せなかったり、そこへ蹴る勇気がなかったり、質がなかったりと、ビルドアップそのものに課題を抱えていたのですが、ある程度できるようになってくると、今度は無謀なチャレンジをするようになる。そのような現象が見られたわけです。そこで修正をかけました。

あと7メートル、最終ラインがセンターサークルに差しかかるくらいまで全体で前進し、そこから縦パスを狙っていこう、と。そうすればセカンドボールを拾う確率も高まり、不用意なカウンターを受けなくて済むからです。

そうするとどうなるか。やはり必然的な現象が見られるようになりました。たとえば、前線が《立ち位置》を取り、シャドーが《レーン》を真っ直ぐ走ります。そこへCBから相手CBとSBはカバーを行うため、必ず2枚一緒に下がります。するとシャドーの両脇にいる相手最終ラインの背後へボールが出たとします。そこでクリアされたとしても、2人が下がって空いたスペースにボールが落ちるため、そのセカンドボールを私たちは前向きの状態で拾えるのです〈図13〉。この

〈図13〉相手CBとSBの2人が下がって空いたスペースでセカンドを拾う

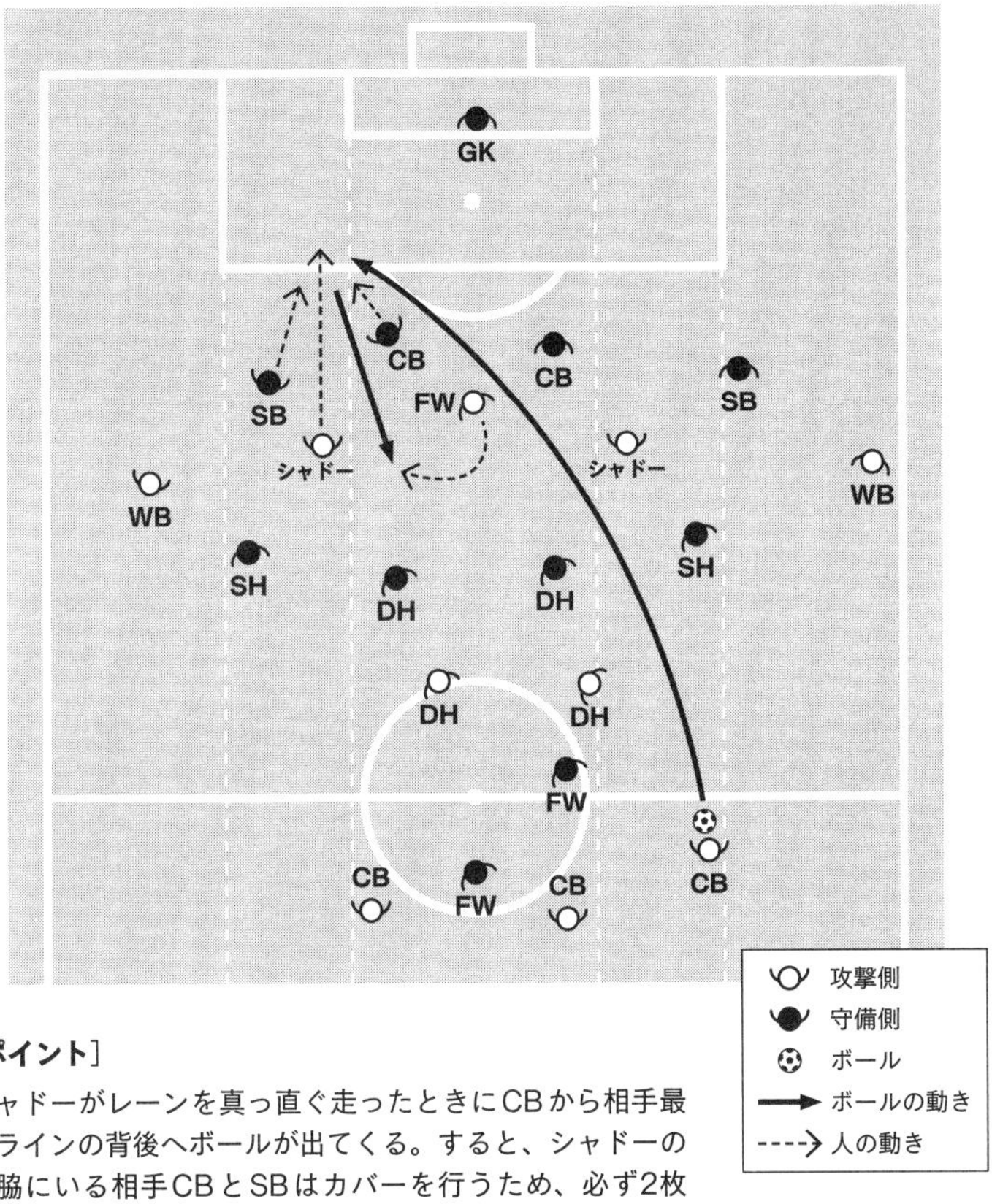

［ポイント］

シャドーがレーンを真っ直ぐ走ったときにCBから相手最終ラインの背後へボールが出てくる。すると、シャドーの両脇にいる相手CBとSBはカバーを行うため、必ず2枚一緒に下がる。仮に相手にクリアされたとしても、この2人が下がって空いたスペースにボールが落ちたときに我々が前向きの状態で拾える可能性が高くなる。周囲の選手は、ボールがどこに落ちてくるのかを予測することが重要である

エリアでボールをフリーで持つことが、どれほど大きなチームの利益になるか。仮に最初のパスが味方につながらなくても、セカンドボールを予測し、相手陣で前向きに拾うことで2次攻撃につなげる。そのような戦略を持つことにもつながりました。

このボールがマイボールになるか、相手ボールになるかは大きな違いです。だからこそ、まずはセカンドボールを拾える高さまで全体を押し上げ、立ち位置を取るための時間を作ることを大事にする。そんな意識付けを、縦パスを狙う出し手の側に行い、少しずつ修正をかけていきました。

利き足へのこだわり

ビルドアップ時のパスの出し手となるCBについて、理想を言えば、左サイドには左利きを配置したいところでした。仙台では当初、石川直樹がいたので彼を左CBに置いていたのですが、怪我もあって出られなくなり、途中からは右利きの増嶋竜也や椎橋慧也に任せることになりました。やはりオープンに（角度を広くして）ボールを持てるかどうかは重要だと思います。逆サイドのWBまで、一気に局面を変えるロングパスを出せるかも重要です。そういう意味では、利き足は大事な要素です。

全体の立ち位置が決まれば、あとは選手のボールの持ち方次第で、次の選択肢が増えるか、減るかが決まります。左右のCBがオープンにボールを持てば、相手にプレッシャーをかけられても、回避できる場所は必ず一つか二つはあるはず。それはWBなのか、あるいはシャドーが立つレーンになるのか、いずれにせよ選択肢は複数あります。

ところが、左CBに右利きが入り、右足にしかボールを置けないとなると、選択肢が一つ、あるいは相手の寄せ方によっては二つ減ってしまうかもしれません。何とか利き足を重視してCBをチョイスしたかったところです。

だからこそ、2019年にチャレンジした永戸勝也の左CBは、私の中ではイメージができていました。でも、もしかすると本人は乗り気じゃなかったかもしれません。チームもうまくいっていないシーズンだったので、結局、頓挫しました。ただ、永戸くらい左足の精度があり、かつ個でも前進できる選手がいるとチームとしての利益は非常に大きいのです。とはいえ、左利きのCBは簡単に確保できるわけではないので、現実的には右利きの左CBを置くことも考えなければいけません。では、どう起用しどのようなタスクを与えるか。ここ最近の傾向として、特に2019年のJ1では、相手のSHが外からプレッシャーをかけてくるチームが増えてきました。リヴァプールの3トップのようなプレスのかけ方、と言えばわかる方にはわかると思いますが、そのようなファーストディフェンスが、Jリーグでも多く見られるようになりました。

相手があからさまに外切りでプレッシャーをかけてくるのなら、わざわざオープンにボールを持つ必要はありません。逆に右足で、内側にボールを持って、相手のSHの背中で味方が受けられるような、外に逃げて行くボールでシャドーに通したり、WBに出したりすることができます。立ち位置でそういうコースを意図的に作り出した上で、出し手が受け手のどちらの足にパスを渡せばよいかを間違いさえしなければ確実に前進することができます。そこへWBが中へもぐってくると、中央のコンビネーションも可能になりますし、中央を使うと見せて逆サイドへ展開することもできます。局面を打開するだけでなく、スピードアップして一気に相手ゴールへ迫ることができるのです。

このように相手のプレスのかけ方によっては、左CBに右利きの選手が入ったとしてもフィットするケースはあります。とはいえ、やはり基本的な選択肢としては、左利きのCBを持っておきたかったのは確かです。それはそれで、様々な選択肢を増やすことができたでしょうから。

GKを組み込むための試行錯誤

自分たちが攻撃の主導権を握ること、全員で立ち位置を取っていくという戦い方をチームに落とし込んでからは、GKへのバックパスは「何ら問題ない」と口酸っぱく言い続けました。前進できないとき、スピードアップできないときはGKまで下げても構わないから、「何回でもやり直せ」と言ってきました。もちろん、本来ならばパスを前へ出せるのに、下げてしまったというのはNGです。それは映像で振り返ったり、トレーニングで修正したりしました。

実際にゲームの中でもバックパスの回数が増えました。その中にはNGの例ももちろんありましたが、GKを使って逆サイドに《解放》し、前進できたシーンも増えてきました。

ただ、ここで一つ問題が起きました。バックパスが増えた当初はホームのユアスタ（ユアテックスタジアム仙台）で、ブーイングやざわつきがあったのです。バックパスでブーイングが起きるとやはり選手は動揺してしまいます。それでも、私はそのたびに「ナイスプレー、今のでいいんだ！」と、わざとサポーターにもわかるように言い続けていました。

そうしてしばらく経った頃、バックパスの先までしっかりとサポーターが見てくれるようになり、前進できた、スピードアップできたという状況で初めて拍手が起こったのです。そうなるまでに2年くらいかかったかもしれませんが、ものすごくうれしかったのを覚えています。

GK本人へのアプローチについては、「リスクを犯して細かくつなぐことが目的ではない。お前たちが最初に見るのは、一番前だ」と伝えました。最前線のF

Wと、相手のDFが1対1や2対2なら、それは我々のチャンスだから、そこへどんどんボールを供給しろと。

一番前が見えて、顔が上がれば、自ずとその手前のシャドーの立ち位置も見えてきます。シャドーに落としてもいいし、そこが見えれば大外も見えるので、WBに広げてもいい。まずは前から、という優先順位があることをGKに伝えました。また、GKに相手の選手がプレッシャーをかけに来れば、フィールドでは必ず誰かが1人フリーになっているから、そこを探せるように、と要求しました。

シュミット・ダニエルはもともとそういうプレーが得意なGKですが、感覚的な技術から、戦術に基づいたフィードへと整理できたのではないかと思います。トレーニングでもポゼッションなどにはGKを入れて行い、タッチ数制限付きのゲームでも、ワンタッチ、アンダー2タッチなど、GKも同じルールでやっていました。

ただ、そうしてGKを使ったビルドアップを志向した中で、2019年夏にダニエルがベルギーへ移籍したことの影響はやはり大きかったと言わざるを得ません。これは信頼関係、特にGKへバックパスをする、主にDFとGKの信頼関係が大きく左右します。これくらいだったらバックパスしても大丈夫といった関係性があるのか。あるいは一つミスが起こっただけで次はバックパスをやめよう、タッチラインに逃げようとなるのか。その判断の違いと信頼関係の大小で結果的にマイボールになるのか相手ボールになってしまうのかが変わってしまうのです。

ダニエルの場合、パッと渡せば、「そこまで解放してくれるのか！」というほど、とてつもない弾道のボールを出して一気に形勢逆転という場面が何度もあり、しかも両足で出すことができました。そこは大きかったと思います。関憲太郎も、かなり足元は安定していました。ダニエルほどのパワーはないので一発でひっくり返すことはできませんでしたが、シャドーに落とすようなボールは非常に巧みでした。

ダニエルと入れ替わる形で加入したヤクブ・スウォビィクも、積極的にトライしてくれました。彼が加入した時期はすでに守備的に戦うことにシフトしていたのであまり多くを求めてはいませんでしたが、ＳＢへ《解放》するようなフィードを見せてくれるシーンもありました。

また、ＧＫのポジショニングについてですが、あまりにも大きくゴールマウスを外して立つのはNGにしていました。ただし、サポートの原則として角度をつけてパスをもらうことは必要なので、結果的にGKがゴールマウスを外れるのは起こり得ます。しかし、私の考えでは、GKはゴールを守るのが一番の仕事なので、それをおろそかにしてまで、攻撃に過度に関わるのは少し違うという考えがあります。サポートの感覚として、どれくらいゴールから外れてプレーしてもいいのかは、ポゼッションやゲーム形式のトレーニングで、やりながら身に付けていく感じでした。

ただ、ここで一つ問題がありました。私はシーズン中に、フルコートでトレーニングをさせることが、ほとんどありませんでした。必ずピッチの縦を狭めたり、横を狭めたりしました。そのため、GKが本来のペナルティーエリアと、それ以外の空間を実際のフルコートで味わいながらトレーニングすることがほとんどできなくなってしまったのです。

コンディショニングの問題であったり、チームに獲得させたい戦術を選定する中で、幅を狭めたりするという理由があったので、仕方がないことではありました。ただ、そうなるとGKの関わり方として、ペナルティーエリアからどれくらい出ているのかなどの感覚がつかめなかっただろうというのは反省としてあります。

実際のゲームを振り返ると、ペナルティーエリアから4～5メートルは出て、バックパスを受けられる場所にいてもいいのに、と思うことがよくありましたが、石野智顕ＧＫコーチと話すと「ナベさん。それはトレーニングをフルコートでやらないと、ＧＫは感覚が取りづらいですよ」と言われ、確かにそうだな……と思わされました。

フルコートでプレーしなければ、自分がどこまで出て行けるのか、相手にボールが渡ったとき、どのあたりからシュートを打ってくるのかという感覚は、ジャストで測れません。私はハーフコートのゲームをよくやりましたが、ハーフコートは言ってしまえば、全部がシュートレンジとなります。そこで日々トレーニングしていれば、ＧＫがペナルティーエリアから出る感覚が身に付くわけがありません。そこは痛感させられました。

そのことに気づいたのは、２０１７年の終わり頃だったと思います。だとしたらどうしようかというところで、石野ＧＫコーチを中心としたＧＫグループが、全体トレーニングが終わった後、チームの配置と同じように人形を置いて、「ここまでは出られる」という感覚を確認しながら個別トレーニングに取り組んでくれました。

それからGKに関して言えば、2019年にゴールキックのルール改正が行われ、ペナルティーエリアの中でゴールキックを受けることが可能になりました。ただし、後から出てくるように、当時は仙台が完全に守備的な戦術にシフトした後だったので、その点で特に何かを変えたということはありません。「クイックでいけるときは始めていい」と、こちらから伝えたのはその程度で、そこにフォーカスしたトレーニングは一切行いませんでした。

逆に今はいろいろな試合を見て、今後に向けたアイデアが湧いています。もし、ゴールキックからのパスに相手がプレッシャーをかけてくるのなら、相手の背後には広大なスペースがあるわけで、それをどう使うか。相手を引きつけている、という感覚があればうまくやれるでしょうし、逆にそういう感覚になれないチームだったら、マイナスになってしまうでしょう。ただし、勇気を持ってチャレンジすることができれば、最初の時点で数的優位を作れるので、かなり有利に働くと思います。そのゴールキックを行うとき、GKを中心にしてCBを両脇に置き、エリア内に3人が入る形が多いですが、たとえば、GKとCBの2人がエリア内で近くに立って、エリアの外で2~3人がヘルプする形も効果的ではないかと思っています。

ただし、これをやるときに考えなければならないのは、利き足です。左利きのGKが出場しているときはGKが左側で、右利きのCBが右側に下りるように立ち位置を決めておく。これは重要だと思います。もちろん、右利きのGKと左利きのCBに変われば、立ち位置が逆になるはずです。では、右利きと右利き、左利きと左利きだったらどうするのか。それらも含めて整理しておかなければ、逆にプレッシャーを受けることになるでしょう。どのようなやり方がより効果的か。やはりサッカーは奥が深いと改めて感じます。

ボランチは心臓。ともすれば1人で5人を困らせることも

1トップ・2シャドー、WB、CB、GKについて主な原則を整理してきました。最後に一番大事なポジションが残っています。ボランチです。1章でも触れましたが、理想を言えば攻撃のとき、あるいは守備に切り替わったときも含めて、ボランチは1人でやってもらいたい、いや、1人でやれると考えています。その1人の立ち位置で、相手FWをどれだけ困らせることができるか。

その1人の立ち位置で、相手のボランチをどれくらい食いつかせることができるか。360度のプレッシャーをどう回避するのか。それこそがボランチの能力だと私は思っています。ともすれば1人で5人を困らせるとか、そういったことができるようになると周りの味方にものすごく多くの時間とスペースが与えられるわけです。相手ボランチを引きつけたスペースを利用して、CBから奥の選手へ刺してもいいし、そこにもぐったボランチに落として、ワンタッチで隣りの味方へ渡せば、おそらく次の選手はノープレッシャーで前進できます。そういう状

況をボランチには作り出してほしい。1人の存在で、周りが何人も楽になる。そう考えると、ピッチ上の居場所がそうだからというのもありますが、やはりボランチは『心臓』なのです。ヨハン・クライフも、ペップ・グアルディオラも、ボランチは1枚という考え方だと思います。クライフは「4番の選手はセンターサークルから出るな」と言ったそうですが、昔はそういうわかりやすい格言がありました。私も学生時代や、Jリーグに入ってすぐの時期にはボランチをやり、コンサドーレ札幌ではペレイラという元ヴェルディ川崎のCBと一緒にプレーしましたが、ボランチの私に対して彼は「ナベ、困ったらセンターサークルに帰ってこい」とよく言っていました。

また、特に攻撃時はボランチが1枚のほうが効果を得やすいと考えています。ダブルボランチの状況でも、まずは最終ラインのビルドアップからどう前進するかを先に考えたとき、たとえば2トップの相手だったら、3バックのまま誰かが切って出て行けると私は踏んでいました。

ところが、これはコーチの進言もあったのですが、やはりダブルボランチが2枚で立つと、CBからシャドーへ入る楔のコースに、ボランチのどちらかが重なり、刺しづらくなってしまう。味方が邪魔をしてしまうのです。ダブルボランチの2枚が中央でサポートしながら、あるいは立ち位置で相手を困らせながら、と考えれば考えるほど、最終ラインから楔を入れづらくなる現象がたくさんありました。実際のゲームでは、どちらか1枚を落としたり、それこそ三田がいたときは、彼は前線に絡んでいくという特徴があったので、そこは積極的に行かせて、富田晋伍や奥埜博亮がアンカーのように振る舞ったりと、それぞれの特徴を生かした形になっていきました。

もちろん、これは「三田だからOK」という意味ではありません。ビルドアップを機能させるため、ダブルボランチを縦関係にしたい。たとえば、前のボランチがシャドーに対するサポート、《もぐる》ことで楔の後のプレーを成立させたり、あるいは相手が1トップなら1枚が下りて4バックとアンカーの形に変えて前進したりするなど、チームの仕組みを整理する中で、三田の特徴とチームの利益がはまった、ということです。

守備に切り替わったときを考えると、2枚残っているほうが落ち着きはあるし、バランスが良いのは確かです。アンカーの場合、ボールを奪われたときに1人なので、管理しなければいけないスペースがたくさんあります。それでも危機察知能力を働かせて潰しに行けるのか。あるいは遅らせて、みんなが帰ってくる時間を作れるのか。そういう判断が重要になるし、非常に大事なポジションだと思います。

それからもう一つ。理想は1ボランチ、アンカーですが、その1枚が常に相手FWの背中で何かをしようと探り続けていると、相手に「そこが相手の起点だ!」とターゲットを定められ、状況が変わってしまうことがあります。この点は私たちが守備の対策を立てるときも同様ですが、つまり、相手はそのアンカーをマンツーマンで消そうとするのです。

2018-19シーズンのチェルシーが典型でした。マウリツィオ・サッリがジョルジーニョをアンカーで使い続ける中で、彼が良いパフォーマンスを発揮していくと、相手はジョルジーニョをマンツーマンで消そうとします。そうなると機能不全に陥るので、そのときは思い切ってそのアンカーを最終ラインへ落とす。それも外側に落とすなどの変化をつけて前線への花道を開かせるようなオプションを持つことが必要になってくると思います。やはりボランチは『心臓』です。このポジションを1人で任せられる技術と判断力に長けた選手がチームにいるか。これは重要なポイントであり、その後のシーズンにも影響することになりますが、それは後ほど。

攻撃で圧倒する意志を持ち、突き抜けた2017年

2017年はシステムを3バックに変えたことが最もフォーカスされましたが、私の中では「3－4－3」や3バックをやりたいから取り組んだとか、システムありきの意図ではありませんでした。それは、ここまでお読みいただいた方にはおわかりいただけるかと思います。攻撃で主導権を握るサッカーをしたい。では、どうやって握ろうか。高い位置で幅を取ろう。そこからの逆算でいろいろなトライがあり、結局変化しながら3バックになる現象が多かったので、だったら初期配置で「3－4－3」にしようと。そういう流れがありました。でも、どうしてもシステムありきという印象に引っ張られたり、あるいは「仙台は3バックをやっ

たことないよね」と周りに言われたりすることで、選手がぎこちなくやっているように見えることがありました。

それでも試合を重ねるにつれて、うまく相手を外したり、ここにいたらこうなるという立ち位置を理解し実践できるようになったりする。そしてそれを何度も繰り返し、成功体験を重ねていく。1トップ・2シャドーの立ち位置、レーンの可視化などを経て、徐々に、徐々に再現性を持てるようになった感覚があり、選手も自信がつき、何より楽しそうにプレーしていると感じました。また、ゲームにおいては、究極の理想になりますが、90分間相手陣のハーフコートで試合をするという方針を貫きました。まずはボールを動かし、相手を動かし、相手陣に押し込む。そしてボールを取られたら、その場ですぐに取り返す。その切り替えを徹底しました。

ただ、その分、理想から外れた現象が出てくると、脆さを見せてしまう一面もあります。本当に良い内容でやれているけど、今ひとつ結果に結びつかず、引き分けで終わったり、最後にポロッと失点して負けたり、そういう試合が続いたのは確かです。序盤に関してはルヴァンカップでFC東京に0－6で負け、リーグで浦和レッズに0－7で負けるなど、大量失点を喫することもありました。

その理由を言えば、いくつかの問題はありましたが、一番は攻撃にフォーカスしたトレーニングを徹底して行っていたからだと思っています。その弊害として、単純にゴールを守る作業、クロスの対応、シンプルなクリア、シュートブロックなど、そういう守備のトレーニングを、このシーズンは減らしていたので、ゴールを守るところの意識、あるいは技術的、メンタル的、戦術的な準備が足りなかったのは明らかでした。

だからこそ、「トレーニングは嘘をつかない」とつくづく思わされました。攻守のバランスの要素をうまく並行してできればよかったと感じています。しかし、当時の私は頭の中ではわかっていても、「いや、今年はこれでやり切る！」「攻撃で圧倒してやろう！」と、そこにすべての時間とエネルギーを注いでやり切りました。それが2017年のシーズンでした。1日のトレーニングはどれだけ長くても2時間もありません。結局ポイントになるのは、その短い時間をどう使うか。

たとえば、2017年の序盤は1トップ・2シャドーに特化したトレーニングを、シーズンの終盤にかけては、両方にGKを付け、両方ともに3対3の組み合わせで効率的にやれるようにしました。オーガナイズは違えど狙いは常に同じ、「いかにして攻撃で主導権を握るか」、ということにフォーカスしていました。ただし、これはレーンの可視化にも言えることですが、本当に落とし込みたいことは、特化・細分化して行ったほうが確実に質は上がります。意識の部分も上がります。そこはトレーニングの効率やバランスを考える上でも、大事にしなければいけないと思います。

結局、口で何を言っても、実際にトレーニングとして何をやるかが一番大事なのです。トレーニングでやったことしかゲームでは出せません。どのような戦い方を選択し、どのようなトレーニングをし、どのように勝つか。最後はどれくらい自分の中で腹をくくり、覚悟を決めてやれるか。監督として、それは非常に大事な部分だと思っています。

戦術の浸透とクラブ戦略

攻撃で主導権を握り、奪われたボールはすぐに奪い返し、相手陣のハーフコートで90分プレーする。2017年は理想を追究し、その理想に向かって突き進んだシーズンでした。それにより、翌シーズンの編成が容易になったのは確かだと思います。2017年が終わったとき、次に誰を獲得するのかを相談するところで、リストアップする選手が割と整理できていました。強化部も興味深い選手をあげてきてくれましたから。

2017年もシーズン中に野津田岳人を獲得してくれましたが、彼はサンフレッチェ広島でシャドーの立ち位置、そしてその役割をすでに習得していたので、シーズン途中でも難なくフィットすることができました。2018年の途中に獲得した矢島慎也に関しても、怪我をしてしまったのが非常に残念だったのですが、そのまま怪我なくやれていたら、後半戦はしっかりと出場できたはずです。シーズン中に獲得した選手でも、我々がやろうとしているサッカーの方向性、そのとき必要としているポジションにはまりやすく、戦力の上積みがスムーズになったのは間違いありません。「どう勝つか」という手段がはっきりして、それを強化部も理解してくれていたので、スカウティングの効率が高まったのは確かだと思います。

さらに他チームの選手からの売り込みのようなものもありました。「仙台でやってみたい」「あの選手が来たがっているそうだ」という声を耳にするようになりました。諸々の事情で獲得に至らないケースもありましたが、監督冥利に尽きるうれしい話ではありました。

WBの選手については、上下動できる走力と、個で仕掛ける能力、加えてクロスの精度も高ければベスト。もっとも、そこまで何もかも揃った選手はなかなか獲得することができませんが、ある程度そういう特徴があるWBは素早くリストアップされていました。中野嘉大がいなくなることが決まったとき、すぐに松本山雅FCの石原崇兆を獲得するなど、次の手を打ってくれました。

一方、こうして良い内容のサッカーを世に披露することで、他クラブに引き抜かれる選手が増えたり、西村やダニエルのように海外へ移籍したりする選手も出てきました。チームにとっては痛手ですが、一方で私としては喜ばしいことでもありました。

これから先のチーム、今後の仙台というクラブのことを考えれば、行かれたら困る選手はたくさんいましたが、選手は評価されて出て行ったのです。「お金で動いた」と周りから言われることがあったかもしれませんが、私はそれも立派な評価だと思っています。それに対して選手が考えに考え、決断したのであれば、私は行くべきだと思いました。

もちろん、選手が出て行くのは痛い。痛いのですが、その選手が受けた評価というものと、選手の決断を私は大事にしてあげたかったのです。そんな状況の中でもずっと伝えてきたことがあります。「モノを残して行け」と。「タダでは出て行くな」と、特に生え抜きの選手には言ってきました。これも私の考えですが、クラブは違約金で入ってきた額を公表してもよいのではないかと思っています。それがチームの利益、売り上げになっているわけですから。それを見て納得してくれる人がいるかもしれないし、他クラブの選手も、「仙台に行ったら活躍できるかな」「ステップアップできるかな」と思うはずです。もちろん、それだけでは不満を抱えるサポーターもいるかもしれませんが、現状のクラブの規模を考えれば、そのような循環モデルを作ることも大切なことだと思います。

2017年の終わり頃については、私も映像を見直してみたのですが、まあ、面白い。自分で言うのもあれですが、良いサッカーをしている。選手も楽しそうにやっている。その内容に結果がなかなか乗っからず、良い試合なのに引き分けてしまうなど、最終的には12位で終わるのですが、勝ち点で言えば、その上とはほとんど差がありませんでした。一時は6~7位につけた時期もあって、本当に面白いサッカーをしていたので、最終的な順位としては不本意であり、心底残念ではありました。

しかし、歩みを止めず、ここからさらに前へ進むことのほうが大事だ、と。そうした中、早急に対処が必要だったのは、他クラブの仙台に対する見方が変わってきたことによる対策、そしてそれに対抗する我々の対応についてです。私たちの戦い方が研究され、見事な対策を立てられてしまうという現象が少しずつ表れてきました。また、私たちの戦い方において、どうしても相性が悪くなる相手も出てきてしまいました。

ベースを構築した上で、今度は相手とどう駆け引きしていくか。戦術の幅をどう広げていくか。そこには新たなチャレンジが待っていたわけです。

ポジショナルフットボール実践論

4章

ポジショナルプレー交戦

~対戦の駆け引き~

望まない[5-4-1]やミラーゲーム

2017年はシーズン半ばあたりから、ボールを動かすことが安定し、どんな相手に対しても攻撃で上回るものを出せるようになりました。特にガンバ大阪とホームで戦った第17節は印象的で、結果的には2-3で敗れはしたのですが、内容はガンバを相手に我々が完璧に主導権を握りました。試合が終わった後、人づてに聞いたのですが、ガンバのある選手が「仙台うまいな。ボール取れねぇ」と言っていたとか……。真偽のほどはわかりませんが、当時の我々のインパクトは強かったようです。

それはもちろん、我々が攻撃に特化してトレーニングを続け、上達したこともありますが、もう一つは対戦相手がそこまで対策を打ってこなかったこともあります。2017年は仙台に対して特に大きな対策を練らず、割と無防備に来てくれる相手が多かったので、そういう試合では主導権を握り、ゴールを奪うことができました。

ところが、その後、時間が経つにつれて、明らかな対策をする相手が出てきます。我々は攻撃時に［3－4－3］、あるいは相手が1トップなら［4－1－5］に変形しながら、「俺たちはこういう立ち位置を取る」と決めてスタートするのですが、それを分析されると、手詰まりな状態になってきたのです。

特に大きな問題となったのが、一度押し込まれるとなかなか前に出て行けなくなる、という現象でした。守備のときに［3－4－3］の両WBが下がり、5バック化した状態で、［5－4－1］の時間が長くなってしまうのです。そこからボールを奪って前に出る局面において、もちろん技術的なミスもありますが、システムの構造上、パワーを持って前へ出て行く箇所を作りづらい、という難点はありました。

相手の幅を取った攻撃に対応すれば、どうしても両WBが下がってしまい、また、相手DFが攻撃参加すれば、シャドーが守備に引きずられ、高い位置を取れなくなります。そうすると、ボールを奪った後に逆サイドへ《解放》するのも難しくなり、かといって全体が押し上げる時間を1トップで作れるかと言えば、孤立した状況では困難です。ゲームの主導権を握り、プレー時間を攻撃のほうに逆転させるために、［3－4－3］を導入したわけですが、一方で押し込まれてしまうと、ひっくり返すことができない。これは大きな問題でした。特に難しかったのが、浦和レッズ戦です。当時の彼らは相手を押し込み、失ったボールを奪い返す作業がものすごく早く、またそれが鋭い時期だったので、我々はなかなか自陣から出て行けませんでした。

敵陣で90分間プレーすることを目指して攻撃のトレーニングをしてきたチームがそのようになってしまうのは非常に好ましくない状況です。なぜなら、自分たちが練習していない状況を、試合で長くプレーすることになるからです。

では、どうすれば、［5－4－1］から脱することができるのか。まずはそもそも、そういう状態にならないように、マイボールのときに自分たちがしっかり前進することを考えなければいけません。ビルドアップで敵陣に押し込むことができれば、ボールを奪われても高い位置で奪い返すことができ、簡単には自陣に押し込まれずに済みます。ただし、そのビルドアップについて、相手に特に大きな対策を打たれていなくても、システムがミラーゲームで噛み合う試合のときは、うまくいかないと感じることがありました。あるいは4バックの相手でも、どちらかのSHが明らかにWBに付いて下がり、5バック化して［5－3－2］のような形で守るチームも増えていきました〈図14〉。

そうした相手に対して我々が少し困ったところはあります。それまではポジショナルな部分、《レーン》や《立ち位置》に重きを置いてきたので、ミラーゲームでマッチアップされ、マンツーマン気味に噛み合わされてしまうと、それまで練習してきたことが通じなくなります。しかし、相手がマンツーマンなら、《立ち位置》で優位を作らなくても、人に食いつく習性を利用して、局面の同数をひっくり返せばいい。そうアプローチしてきましたが、選手の感覚的な部分にはマッチしなかったように思います。

それまで散々、「立ち位置！　立ち位置！」と言ってきただけに「マンツーマンで付かれてるんだけど、どうしよう？」と選手に戸惑いが生まれたのは当然かもしれません。ただ、相手は下がらざるを得ずに5バックになっているわけなので、「その時点ですでに我々が優位に立っている、慌てることはない」と私自身、安心していた部分があったのも事実です。

〈図14〉SHがWBについて下がり[5－3－2]で守る

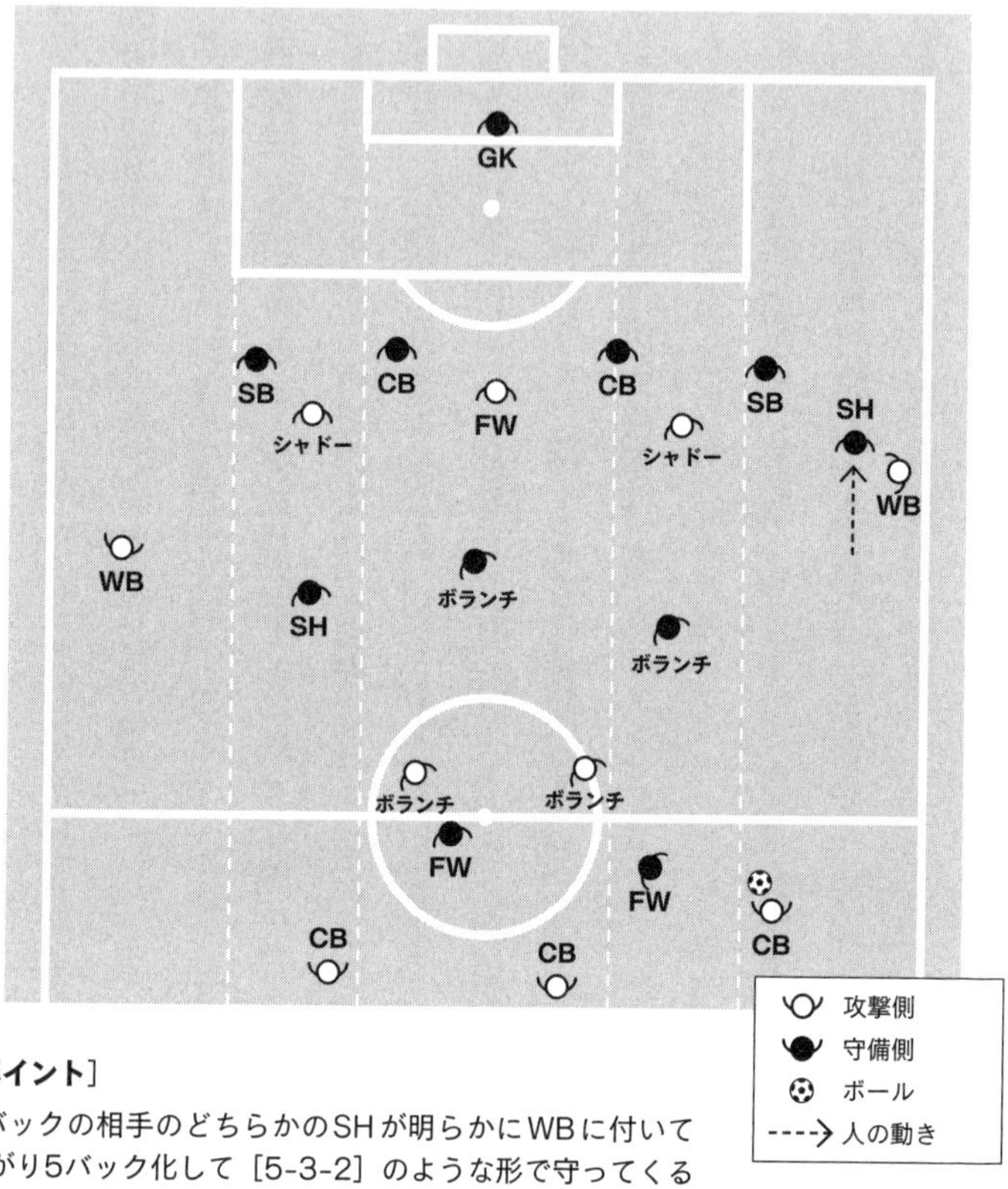

[**ポイント**]

4バックの相手のどちらかのSHが明らかにWBに付いて下がり5バック化して［5-3-2］のような形で守ってくることも

明らかに対策される試合と、そうでない試合のギャップ。その中で、我々がやれないことと、やれることのギャップ。《立ち位置》の優位で戦うことに手応えを感じながらプレーしていた選手が少なくなかっただけに、その成功体験に引っ張られて、マンツーマン気味の相手に戸惑ったところはチーム全体にあったかもしれません。

また、ミラーゲームで問題になったのは、我々に噛み合わせて下がるチームよりも、噛み合わせて前からプレッシャーをかけてくるチームのほうでした。4人の中盤のSHを上げ、2トップと合わせて3枚で、我々の3バックに同数で当ててくるのです。そのときは相手の3枚の両側が、外を消して、今のリヴァプールの両ウイングのように、我々の左右CBに外から寄せてきます〈図15〉。2018年で言えば、平岡康裕と板倉滉のところにガンッと寄せ、要はWBにボールを出させないようにするのです。そうやって外へのルートを消されると、シャドーには刺せるのですが、その刺したところには相手のボランチやCBが思い切り奪いに来る。

そういう守備のオーガナイズをしてきたチームとして、一番顕著だったのはF

〈図15〉 WBへのパスコースを切りながらプレスに来る

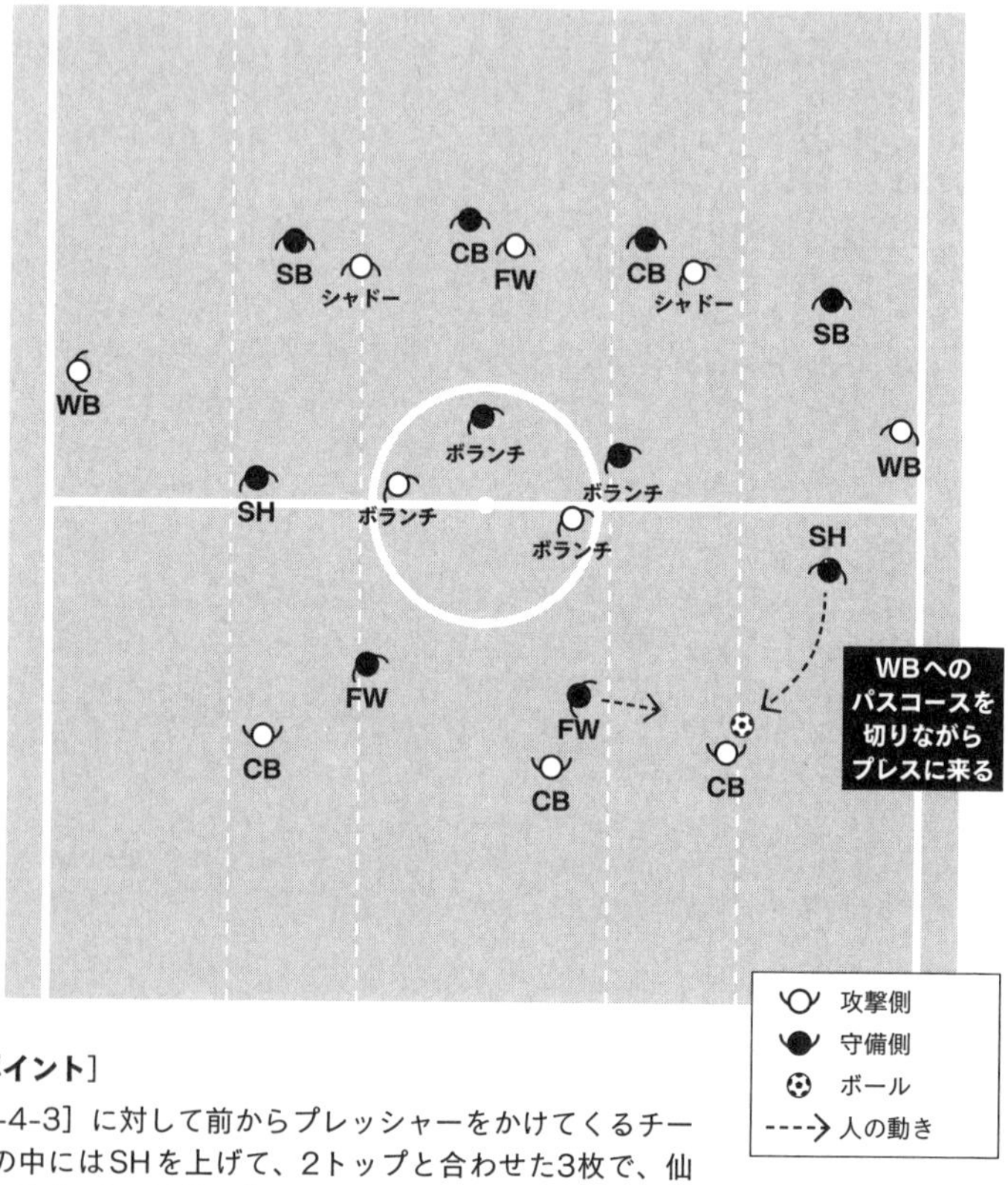

[ポイント]

[3-4-3] に対して前からプレッシャーをかけてくるチームの中にはSHを上げて、2トップと合わせた3枚で、仙台の3バックに同数で当ててくることも。このとき相手の3枚の両側がWBへのパスコースを切るように左右のCBに対して外から寄せてくるケースがあった

C東京です。SHの選手が猛然とプッシュアップしてきます。「そこまで出てくるか」という印象でした。

もともと3バックでミラーゲームになる相手でも、前からプレッシャーに来る相手が増えてきました。特に湘南ベルマーレとジュビロ磐田は、その傾向が強かったと思います。2018年になる頃には、我々に対して『4－4』のブロックを組んでノーマルに来るチームは非常に少なくなっていました。

このような、前から噛み合わせてプレッシャーに来るチームに対し、我々がビルドアップできなければ、自陣に押し込められた状態になってしまいます。いかに前進するか、勇気を持って前進できるか。これは大きなポイントでした。

あくまでもスタート地点を見失わない

もしかすると2017年時点では、「ミラーゲームになったら難しい。どうする？」という状況において、私自身の準備が足りなかったのかもしれません。明らかに同数ではめられた状況で、どこで数的優位を作るのか、チームに落とし込んだつもりでも、実際のゲームでは苦労することが多かったと感じています。2018年や2019年などは、それが普通にできるようになってきたので、当時はまだまだ私自身も一緒に作り上げている段階だったのかなと。その点では選手にも申し訳なかったと思っています。

本来は自分たちがマイボールで前進できるはずなのに、ミラーゲームで噛み合わされ、引っかかることが増えると、今度は勇気を持って《立ち位置》を取れなくなってしまいます。それがまさに悪循環です。《立ち位置》を取れば、相手は絶対に困るのです。ボールホルダーに時間とゆとりを与えるはずなのに、ボールを奪われてしまう恐怖に誰か1人でも支配されてしまうと、そこでボールの動きが滞り、ミスをする選手が増え、「この立ち位置取るのちょっと怖いな」とか「この立ち位置取れないな」となってしまいます。どんどん深みにはまるのです。その状況を個で剥がし、ひっくり返せる選手がいればまた違いますが、当時の仙台にはそういうキャラクターがいなかったので、難しさはありました。

まずは、とにかく「立ち位置を取らないこと」が一番のミスなので、「それはどういう状況であれまず取ろう」ということは口酸っぱく言いました。もちろん、映像でも見せて、このとき休んで止まっている、というのも確認させ、トレーニングでもそういう様子が見えると、「そこで止まるな！　まず立ち位置を取れ！」と徹底して言い続けていました。

繰り返しますが、一番のミスは「立ち位置を取らないこと」です。それは１人だけの問題ではなく、チーム全体に悪影響が及びます。ポジショナルな仕組みが死んでしまうからです。原理原則を見失う悪循環だけは、避けなければいけません。特に注意したのはボランチです。ボランチが相手ＦＷに気にさせるようなポジションを常に取らなければ、相手ＦＷは一目散に、私たちのＣＢに向かって来てしまいます。一目散にプレスに行くということは、背中側のボランチを気にしていないということ。それを利用してボランチが顔を出せば、ボールを受けられるはずで、その駆け引きをやり続けなければいけません。

そこに相手のボランチが食いついてくれれば、奥のシャドーに時間的な余裕が生まれ、その連鎖をどれくらい利用できるかが肝となります。結局、最終ラインでボールを持っているときに、一番近いボランチが立ち位置を取れなくなると、圧力を受けるだけになってしまいます。CBからWBへのパスは、最後の逃げ道というか、出口にはなりますが、特にミラーゲームでは相手のWBと対峙する形なので、相手もどちらかと言えば何も考えず、1対1でプレッシャーに来ます。もちろん、そこではWBの準備も大事ですが、より大事なのはボランチのほうなのです。付け加えれば、2人のシャドーも大事です。そこがいかに怖がらずに《立ち位置》を取れるかなのです。

我々のチームの仕組みでは、基本的にシャドーは相手ボランチの背後に立ち、CBとの間で相手4人を困らせつつ、《レーン》を走って一発で背後を取れる体勢を常に取っています。しかし、ミラーゲームを挑まれた場合、あるいは我々に対策を打ってくる相手が増えてくる中で、「シャドーは下りてもいい」という指示を2018年は増やしました。

シャドーが下りれば、相手の3バックが食いつくので、その背後へ1トップが斜めに飛び出せば、ロングパス一発で抜けられ、あるいは下りたシャドーに当てて、1トップと反対側のシャドーが2対2で仕掛けることもできます〈図16〉。これはすでに説明しましたが、《レーン》を取って真っ直ぐ走る意識を持ちつつ、

〈図16〉ミラーゲームを挑まれたときの前線の活かし方

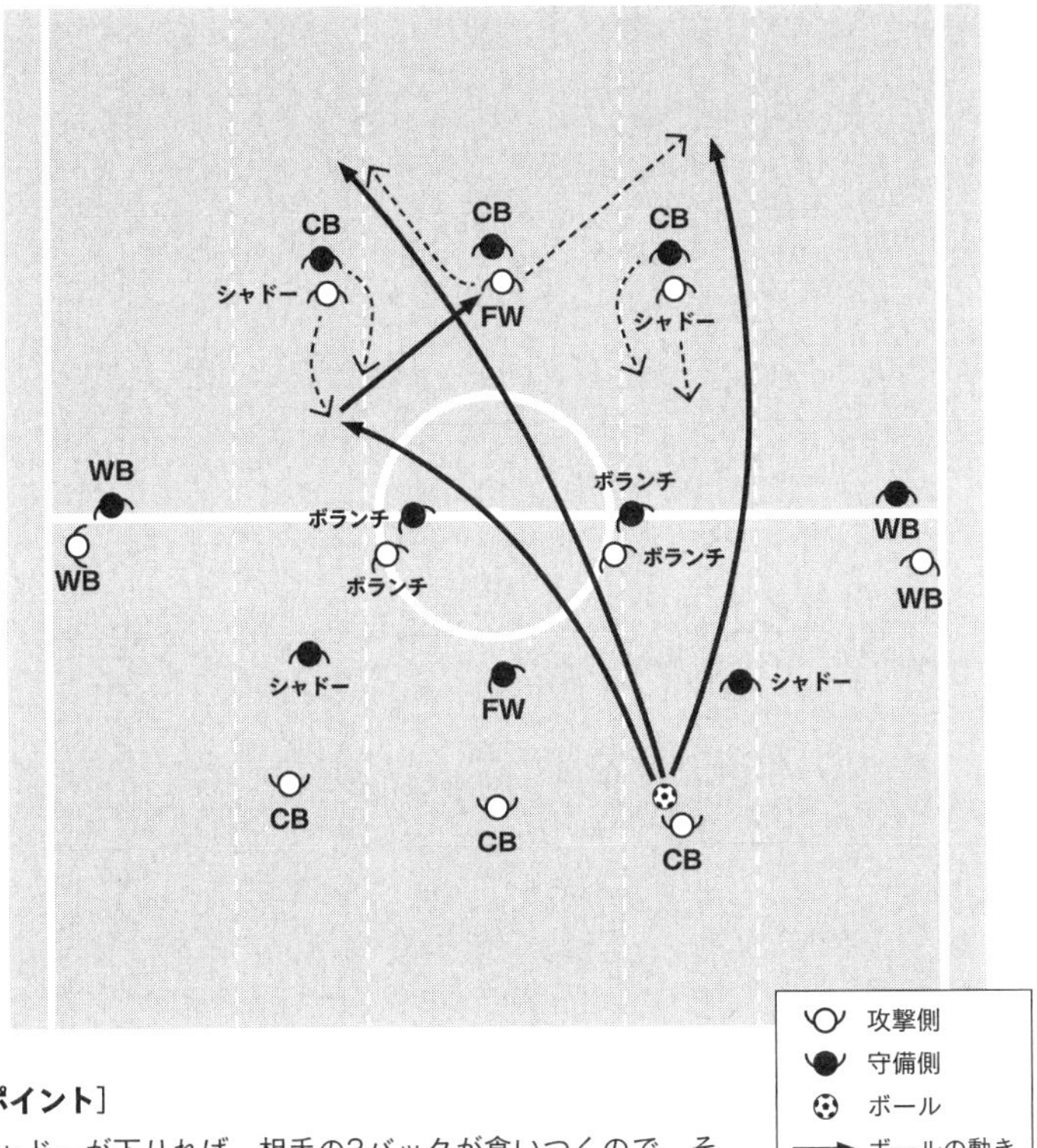

[**ポイント**]

シャドーが下りれば、相手の3バックが食いつくので、その背後へ1トップが斜めに飛び出し、ロングパス一発で抜けられる。あるいは下りたシャドーに当ててから、1トップか反対側のシャドーに渡せば2対2で仕掛けることもできるマンツーマンで噛み合う状況になったら、相手の食いつきを利用して、対人の局面で背後を取る。目的は《レーン》を走ることではなく、相手の背後を取ることですから、そのような対人的に崩す状況のトレーニングも行いました。

こうした状況は基本的にはミラーゲームのイメージですが、そうでないチームとの対戦でも起こり得ます。たとえば川崎フロンターレは4バックで守っていましたが、川崎の1トップとトップ下の選手は我々のボランチを消したところからCBへプレッシャーをかけるタイミングや、プレスのスイッチの入れ方が非常にうまく、そこで苦労したこともありました。そのようなときも同じく、シャドーが少し下りることが、突破口の一つになります。また、川崎との試合ではボランチを意図的に外に落とすなど、変化をつけてプレスを外すこともやりました。

相手が4バックを組む場合、その一層目のプレスを外すと、我々にとってはものすごく良い景色が広がります。つまり、4バックに対して、我々の1トップ・2シャドーと2WBが、数的優位を作り出し背後を取りやすい状況ができあがるわけです〈図17〉。良いプレスをかけられると、確かに苦労はしますが、逆にその一層目さえ外せれば、我々のゲームになる。ここが重要でした。

〈図17〉**相手の一層目のプレスを外すと数的優位の景色が広がる**

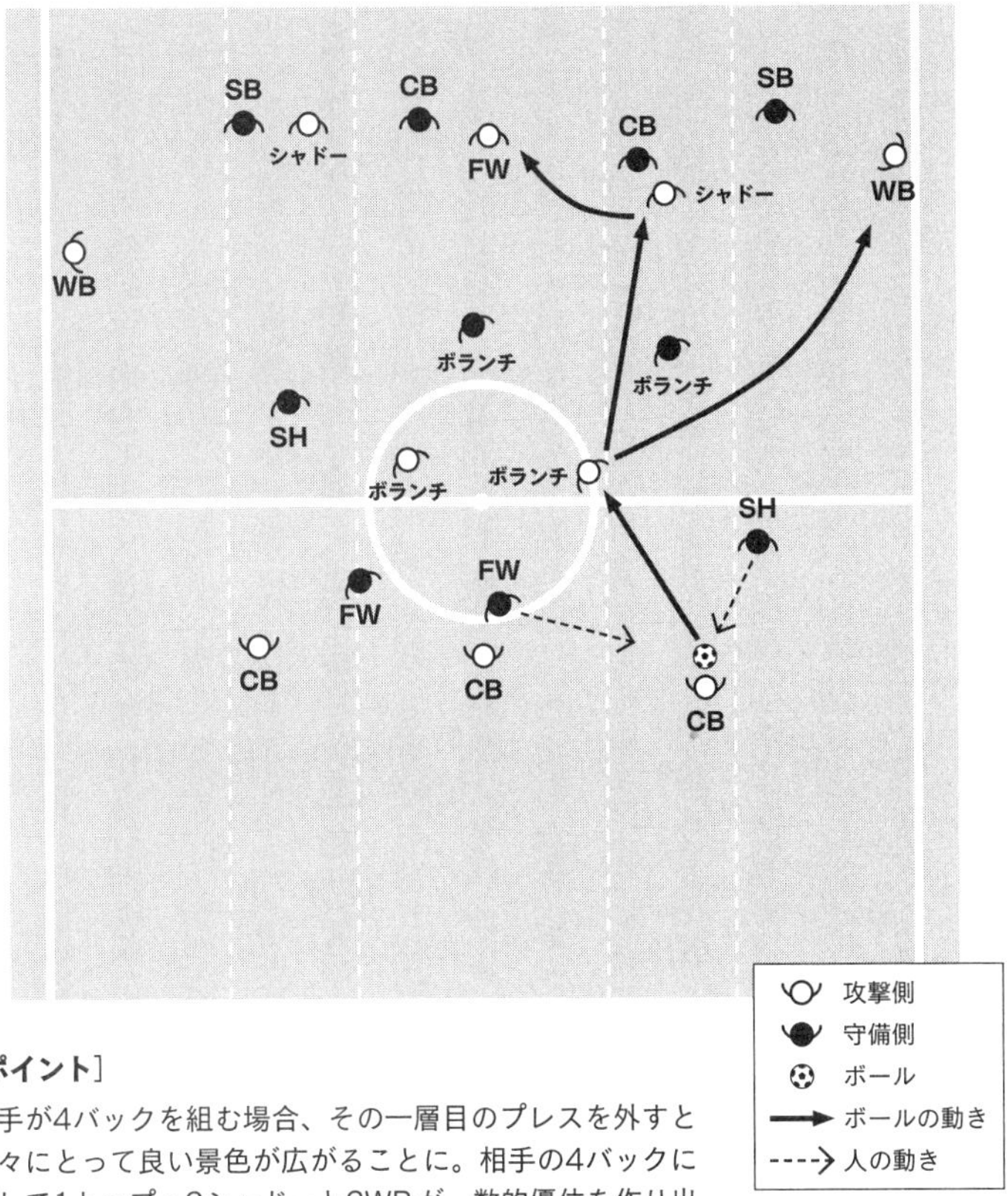

[ポイント]

相手が4バックを組む場合、その一層目のプレスを外すと我々にとって良い景色が広がることに。相手の4バックに対して1トップ・2シャドーと2WBが、数的優位を作り出し背後を取りやすい状況ができあがる

悪循環にはまったときこそ、きちんと《立ち位置》を取る。その上で、自分たちが相手を困らせ、これくらいやれるという成功体験を獲得し、自信を持ってプレーする。まずは、それが一番大きいのではないかと思います。

ミラーゲーム対策の[3-1-4-2]の導入

2018年は我々を研究して対策を打ってくるチームが増えたため、苦しむ試合も少なくなかったのですが、私の中では大きな手応えを得る一戦がありました。それは2018年J1第15節の鹿島アントラーズ戦です。アウェーでしたが、我々が前半に石原のゴールで1-0とリードし、内容的にもボールと相手を動かしながらきっちりと前進ができていました。すると、鹿島は後半の頭からDFの選手を入れ、[3-4-3]にしてきたのです。「どうしてくるんだ?」と思いながらしばらく戦況を見守ったところ、まさかのミラーゲームでした。おそらく、1対1の局面勝負に持っていき、そこで我々を上回ろうという意図があったのでしょう。あの鹿島を動かした、対応させたという、私の中ではちょっとした快感があり、試合も2－1で勝ち切ることができました。

ポイントは、なぜそれができたのか、です。相手が対策を打ってくる中、それを上回ることができた。その理由は何だったのか？　実は2018年はキャンプの時点から、［3－1－4－2］、つまり2トップ・2シャドー、アンカーを置くシステムの準備をしていました。この年は開幕戦が柏レイソルとの試合でしたが、そこでいきなり［3－1－4－2］にもトライしています。

増加傾向にあったミラーゲームを外すために、相手の3バックと我々の2トップをあえて2対3とし、そこへ2シャドーを入って行かせ、瞬間的に4対3にする〈図18〉。そうすることでズレを作り、相手の最終ラインを破ろうと考えました。

それからもう一つ。前章でもアンカー、つまりボランチ1枚でビルドアップすることが理想と言いましたが、実際にアンカーを置いて、どれくらいビルドアップで優位性を取れるのか。そこにチャレンジしたいという思いもあり、両方の意図で［3－1－4－2］を準備していました。

［3－1－4－2］にすると、相手が5バック化しても、場面によっては4対5、

〈図18〉**2シャドーが入っていけば瞬間的に4対3に**

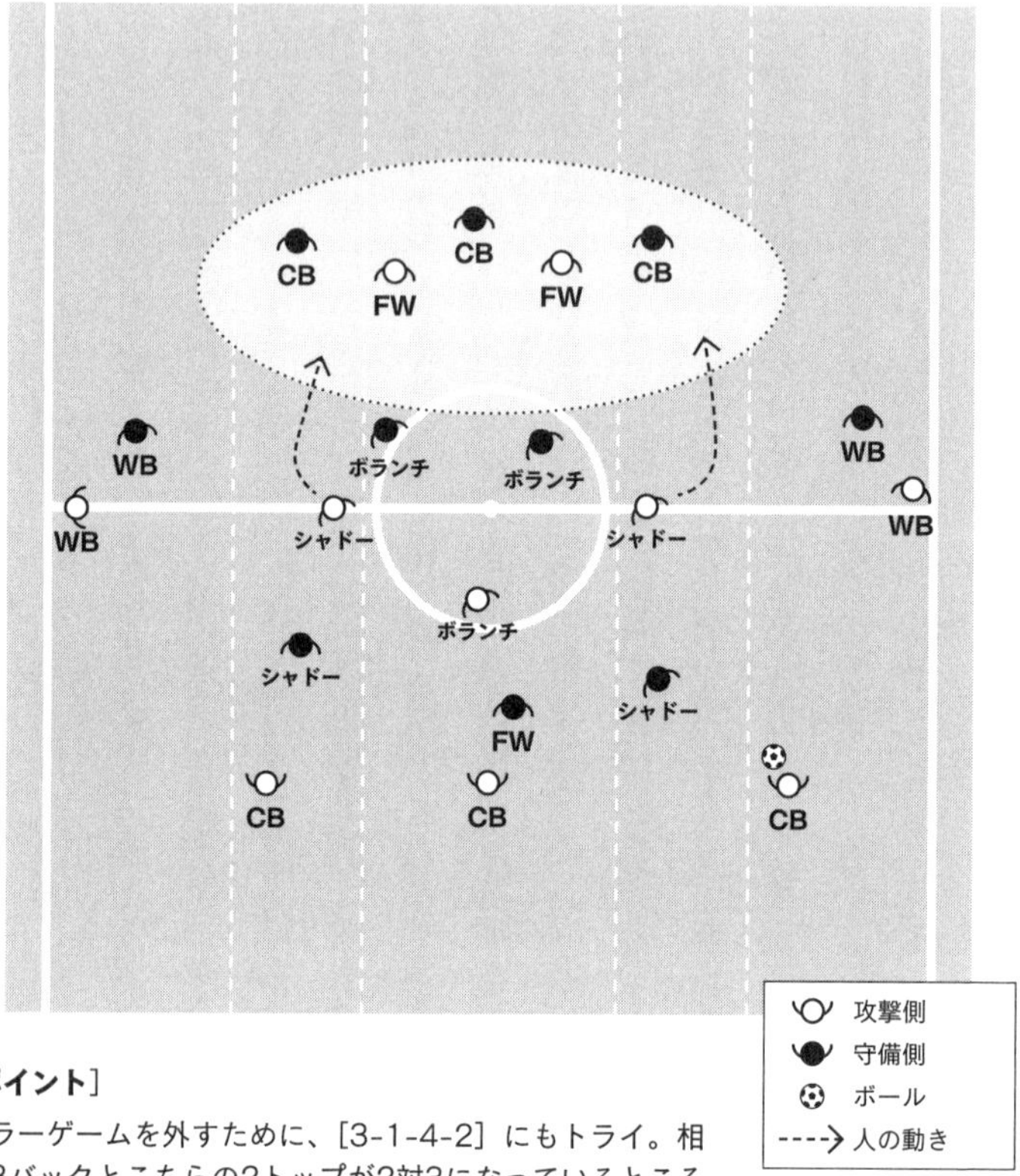

[ポイント]

ミラーゲームを外すために、[3-1-4-2]にもトライ。相手3バックとこちらの2トップが2対3になっているところに、2シャドーが入って行けば瞬間的に4対3になる場面によっては6対5など、噛み合わせがピッタリはまらず、微妙にズレてきます。そこを利用して外すことができれば、相手が5バックでも、2トップに2シャドーが良い状態で関わって背後を突くことができます。

ただし、そこで相手にうまく消されたり、圧力をかけられたり、アンカーのところでミスがあって前を向けなくなったりすると、相手のプレッシャーを思い切り受けてしまいます。実際にそういう現象も起きました。だからうまくいかないときは、［3－4－3］に戻して、「ここからはミラーゲームだ！」と選手に伝え、マッチアップの勝負に徹する試合もありました。

先述の鹿島戦についても、相手は後半から［3－4－3］に変えてきましたが、我々は［3－1－4－2］なので、実はミラーゲームではありません。もし、うまくいかなければ、我々も［3－4－3］にして、あえて完全なミラーゲームにすることも試合中は考えていましたが、そのままの形で優位性を保つことができました。

鍵を握る存在は、やはりアンカーです。アンカーがしっかりと前を向いてパスを展開できなければ、シャドーが中盤の底まで下がって来ざるを得なくなり、そうなると、5バックに対する2トップ・2シャドーの微妙なズレ、優位性が消えてしまいます〈図19〉。相手の3トップは我々の3バックに対してミラーになっている前提なので、ジャストでプレッシャーに来るところを、その背中側でパスを引き出せる位置に立つ。そこに［3－4－3］の相手のダブルボランチが食いつけば、我々のシャドーが必ず空く、という外し方です。

もし、相手のダブルボランチが2シャドーを気にして出てこなければ、アンカーはターンすることができます。逆に、その状況でターンしてくれないと、それまでの駆け引きが無意味になってしまう。アンカーの判断力とスキルは重要でした。

また、我々も守備時によくやりましたが、相手のアンカーを消す作業として、1トップが少し下がってアンカーを消し、あえて3バックの中央にフリーでボールを持たせる。ハイプレッシャーを受けないので、何となく前進はできるのですが、フリーのCBが今度はどこに刺せるのか。その時点で思考が停滞することはありました〈図20〉。ただ、このあたりは駆け引きなので、そうなったら今度は3バックの左右を思い切って前へ出し、シンプルに外で2対1を作ることに徹しようと。中央のCBはしっかりリスクに備えておきます。そうやって、あまり中を意識せ

〈図19〉**アンカーが相手FWの背中側でパスを引き出せる位置に立つ**

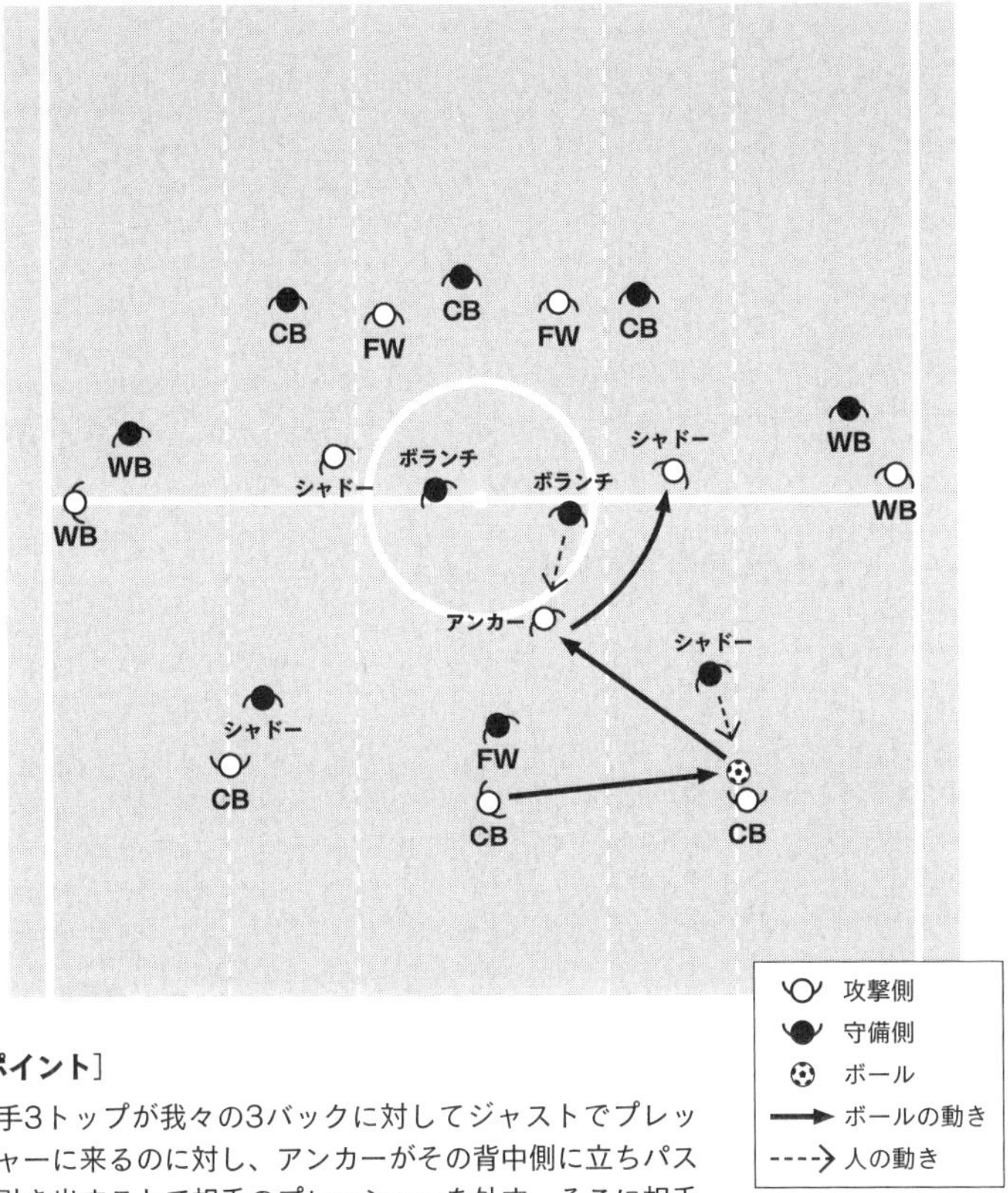

[ポイント]

相手3トップが我々の3バックに対してジャストでプレッシャーに来るのに対し、アンカーがその背中側に立ちパスを引き出すことで相手のプレッシャーを外す。そこに相手のボランチが食いつけば、我々のシャドーが必ず空く

〈図20〉**相手1トップがアンカーを消してきた場合**

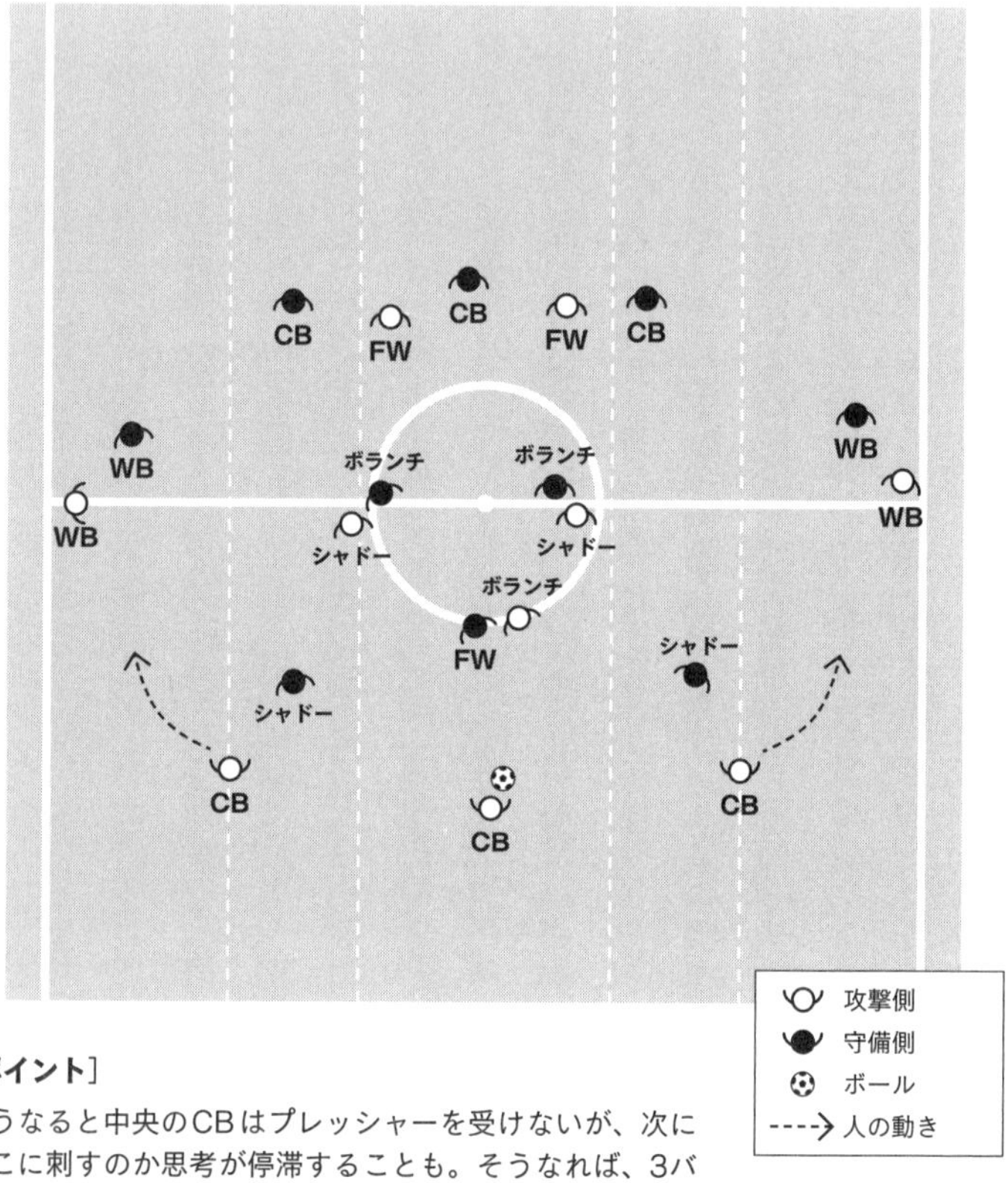

[ポイント]

こうなると中央のCBはプレッシャーを受けないが、次にどこに刺すのか思考が停滞することも。そうなれば、3バックの左右のCBを思い切って前へ出し、シンプルに外で2対1を作ることを徹底するという活路も

ず、外回りで構わないので3バックの左右を積極的に攻撃参加させ、スピードアップする準備もしていました。

当時、右CBは平岡康裕、左CBは板倉滉でした。平岡は攻守において堅実なタイプの選手ですが、WBの蜂須賀孝治の外を回ってオーバーラップしたり、インナーラップしたりと、どんどんトライしてくれました。板倉は利き足が右なので、左CBに置くとインサイドに少し寄ってしまいますが、中野嘉大などの左WBとの兼ね合いで板倉が『ハーフスペース』に立ち、ワイドの選手が前へ行き、シャドーの選手が下りたりすることで、三角形がぐるぐる回ってローテーションするような構図を作りました。これはサイドで2対1を作るためです。3バックの左右CBが出て行くことで、相手のWBに対して2対1を作ることを実践していました。[3－1－4－2]も、この左右CBの攻め上がりも、あらかじめ相手に研究されることを見越した上でのキャンプからのチャレンジです。あとは戦術的な幅を広げるなど、少し変化を加えたいという気持ちもあったので、2018年はこうしたやり方にトライしていきました。

教育者か勝負師か

2018年はルヴァンカップのプレーオフで湘南ベルマーレと戦っています。我々はすでにリーグ戦のアウェーゲームで、湘南に対しては［3－1－4－2］で外せることを実証していたので、プレーオフはその数カ月後でしたが、そのまま同じ［3－1－4－2］でファーストレグに挑みました。

ところが、湘南は前述したような、1トップがアンカーを消す対策など、少しやり方を変えてきたため、我々はビルドアップに詰まって後手を踏み、0－3で負けてしまいました。こうなると、セカンドレグは4点取らなければ勝てないため、「さあ、どうするか！」となりました。我々が適切かつ良い準備をすれば、《立ち位置》で相手を外すことができると、選手も本来はわかっていたはずです。しかし、ボールの動きが滞ったり、ミスが続いたりすると、自信を持って《立ち位置》を取ろうとしなくなり、悪循環に陥ってしまう。

また、たとえ丁寧に相手を外すことができても、我々が4点を取る作業は難しいかもしれないと考えたので、そのときは逆に、ホームでのセカンドレグをミラーゲームで挑むことにしました。［3－1－4－2］ではなく、あえて［3－4－3］で噛み合わせる形です。《立ち位置》はもちろん取りますが、最終的に破りたいのは相手の最終ラインの背後なので、とにかく1トップ・2シャドーがいかに裏を取るのか、という作業に徹しました。一度どこかに刺して、ズラして、ではなく、個人のチェックの動きだけで裏を取ってしまう。あるいはシャドーが下りれば、相手の3バックが必ずついてくるので、そこに1トップが流れて背後を突いてしまおうと。そのような狙いがあったので、あえて石原直樹をシャドーに置き、彼を下ろしてフラフラさせました。

そして1トップに置いたのが、阿部拓馬です。彼を思い切り走らせました。相手中央のDFとの1対1勝負で阿部がどれくらいひっくり返せるか。また、石原と反対側のシャドーには西村拓真を置き、阿部と西村の2人は裏取り専門、そういう構図で戦った試合でした。

そこに賭けてセカンドレグを戦い、前半は2－0までいきました。「あと2点取れる!」そう思っていた矢先、カウンターを食らい、相手のシュートがコロコロと自陣のゴールへ……。それが相手のアウェーゴールだったので、試合はさらに厳しくなり、セカンドレグは3－1で勝ちましたが、2戦合計で相手を上回ることができず敗退となりました。結局、勝ち上がることはできなかったのですが、戦術的な幅を出す意味で、準備していたものを発揮できたゲームではありました。ともすると、それまではポジショナルなチームの仕組みに今ひとつフィットさせられなかった阿部の特徴を、私もしっかりと理解した上で、この一戦にうまく起用することができたと言えます。

ただし、これはおそらく、私自身の至らなさであると思っています。

私は「つながり」を重視するタイプの監督です。前のゲームがどうだった、あるいは1週間のトレーニングはどうだったと、その選手の調子やバイオリズムを重視して、そこから11人のスターティングメンバーと18人のベンチメンバーを決めていきます。

ところが、湘南とのプレーオフはファーストレグを0－3で落としていたこともあり、開き直るしかない状況でした。だからこそ、単純に湘南という相手に大量得点するために、この1試合のためだけにあえてミラーゲームでぶつける、このキャラクターの選手をここに置いて勝負する、という発想を持つことができたのが大きかったと思います。

もし、ファーストレグで守備の対策を打たれながらも、そこで結果が出ていれば、セカンドレグで勝負に出ることはなかったと思います。いつものやり方を踏襲したはずです。その一方、ファーストレグで勝ったとしても、セカンドレグはそれまでのやり方をひっくり返し、相手の読みを外して思い切った勝負に出る監督も多くいると思います。

私はどうしても、いわゆる勝負師になり切れないところがあると自己分析しています。勝負のみに徹することができない。どちらかと言えば教育者に近いというか、選手の成長を先に考え、ここでもう1回この選手を起用しないと成長につながらないとか、そういう考え方が自分の中で優先されることがあります。しかし、湘南戦のセカンドレグは勝利だけに固執することで開き直り、勝負師になったというのが正直なところです。

私自身、現役のとき、J2では主力で出場していたのに、J1に上がると良い選手が増え層も厚くなり、試合に出られるチャンスが減っていきました。それでも、いつ出番が来てもいいようにと準備を続け、ようやくチャンスをつかみ、初出場したアウェーの鹿島戦では2－0で勝つことができました。完封もしたし、自分としては勝利に貢献できた気持ちがあったので、次の試合もチャンスがあるだろうと思っていたところ、サブからも外れたのです。納得がいかず、コーチのところへ聞きに行ったりもしました。もちろん、そこで納得するような答えを、引き出せるわけがありません。

そんな経験があったので、選手が調子の良いときのメンタリティやバイオリズム、あるいは「今度こそ俺はやってやる！」といった反骨心、そういう心理的な部分を、監督としてうまく使ってあげたいと思っていました。結果的にその教育者のような想いが、うまく結びつくこともあれば、邪魔することもありました。感情で選手を選んではダメだ、と言われるかもしれませんが、人間は感情の生き物です。プレーするのは生身の人間。結局は人の気持ちですから、それこそ、その心理一つで、《立ち位置》に強気に立てるかどうかも決まっていきます。これは大事なことだと思っています。

ただ、たとえば2019－20シーズンのチャンピオンズリーグ・ラウンド16のアトレティコ・マドリーとリヴァプールの試合で、リヴァプールはセカンドレグでは起用する選手を替えました。インサイドハーフを替え、モハメド・サラーとサディオ・マネのタスクも変えるという勝負師的な采配をユルゲン・クロップ監督はしてきました。そういう采配は世界的に見ればスタンダードであり、このゲームはこういう戦い方で勝ちたいから、調子の良し悪しだけではなく、この選手の特徴をこの場所で使う。そうしたピンポイント的な起用法をより明確にした考え方は、今後の私にも必要になってくると今は感じています。

もちろん、それを実践することで、前の試合で勝利に貢献したはずの選手が「なんで俺が外れるんだ」と感じるケースも出てくると思います。そのケアはもちろん必要だと思いますが、そもそもいろいろな選手の個性と武器の組み合わせを深く理解して、このゲームはこの武器をこの勝ち方に乗せていく、という作業を当たり前にやっていかなければいけません。それは今ものすごく感じているところです。

流れをとるか適正をとるか

選手の個性や組み合わせで言えば、一つ思い浮かぶのは大岩一貴です。ＣＢの守備面を考慮して、２０１７年8月の第22節サンフレッチェ広島戦からは大岩のポジションを、３バックの中央へ移しました。これは大きな決断でした。

それまでは平岡が中央で、大岩が右です。前年は大岩が右ＳＢをやっていたので、ＳＢと同じ感覚で右のワイドへ出て行く場面を作れればいいと、攻撃面も考慮して配置していました。

ただ、実は２０１６年にヨーロッパで試合を見たとき、カウンター対応の部分で、やはり3バックの中央の選手はスピードがあり、対人が強い選手でなければ、なかなか難しいということが見えていました。だから大岩は中央だと、そのときは私も考えていたのですが、キャンプの時点ではそこまで思い切れませんでした。それまでにプレーしている彼らのポジションやそのバランスを考えると、４バックのときも平岡の右側には常に大岩がいたので、その並びをそのまま3バックに当てはめたほうがスムーズだろうと考えていたからです。

しかし、8月のサンフレッチェ広島戦で平岡が累積警告で出場停止になり、「CBの中央をどうするか」となったとき、相手が広島、FWはパトリックなので、大岩を当てるほうがいいだろうと。そこで大岩を中央に入れ、右には椎橋慧也を入れて戦ったところ、ゲーム内容も良く、1－0で勝つことができました。

そこからは大岩を中央にして、平岡は右へ移しました。これは守備の安定という部分では一つのターニングポイントになったと感じています。

ただ、裏を返せば、この決断を最初にやっておけばよかったと、私のジャッジミスだと今でも思います。実際、ヨーロッパの視察から帰ってきたとき、私はメモに書いていました。「中央は、絶対に対人が強いDFだ！」と。「うちでは誰だ？大岩だ！」と。そういうメモまで書いて、コーチにも言っていたのです。パトリック対策で大岩がはまったとき、改めてコーチにも言われました。「最初からこれだったんじゃないですか？」と。

しかし、どうしても私は前年までの流れなどを加味してしまうため、大岩の適正を見て、キャンプの時点で思い切った決断には至りませんでした。

ある意味、平岡の出場停止、相手が広島という状況が、最終的に決断させてくれたところはあります。この点は今後、監督を務めていく上での私自身の課題であると捉えています。

感じ始めた3バックの限界

［3－4－3］で戦い始めた2017年は「仙台？　大丈夫だよ」と、相手がノーマルに当たって来ることが多く、それに対してこちらも「これくらいやれますよ」というものを示すことができました。また、ミラーゲームになる相手や、ミラーゲームを仕掛けてくる相手が増えてきても、グループで崩す選択肢を整理したり、あるいは［3－1－4－2］を導入したり、あるいは怖れずに《立ち位置》を取ってやり切ることで、ある程度は対応ができたと思っています。

しかし、単純なミラーゲーム以上に、我々を悩ませる現象がありました。我々の戦術やシステムを研究した上で、「仙台はボールを取られたときにここが空く」という弱点を整理し、オーガナイズしてくる相手に対して、カウンターを食らう場面が目につくようになったのです。

我々の理想は、「相手陣のハーフコートで90分間プレーすること」。それを実現するためには、自分たちでボールを持って前進し、奪われたら、すぐにボールへ襲いかかります。選手には「相手陣ではボールと人に行く！」と伝えており、ボールを奪われた瞬間は近い選手がバッとボールへ襲いかかる。周りの選手も近くの相手に行く。マンツーマンになっても構わないので、「人を捕まえろ」と言ってきました。

最前線がその作業をする以上、逆に最後尾のほうで相手が浮いていたら、苦し紛れにクリアしたボールが収まってしまうので、そこも人を捕まえに行きます。ときには最終ラインが同数になったりもしますが、基本的には最後方で1人余る状況を理想とし、3バックなら中央のCBと逆サイドのCB2枚で、片方が余る形を作ります。そのように、トレーニングでは切り替えの練習を相当やり、意識してきました。

ただ、どうしても逆側のＷＢが、その圧力に参加できないのです。［４－４－２］の相手と対峙したとき、ボールの取られ方にもよりますが、我々の逆サイドのＷＢが出たスペースに、相手の［４－４－２］のＳＨがビュンッと飛び出し、一気にゴールまで行ってしまうシーンがありました。当然、「これに対してはどうするか？」という話にもなったのですが、最初は強気で、ＷＢは相手ＳＨの背中に立ってもいい、高い位置を取ってもいい、としてきました。しかし、あまりにもこの被カウンターが多かった時期、あるいは対戦相手を見て、明らかにスカウティングでここを狙ってくるというチームに対しては、苦肉の策として、逆側のＷＢは高い位置を控えよう、ということも言ってきました。

ただし、構造上難しかったのは否めません。そもそもＷＢには高い位置で幅を取ってほしい、というのが大前提の［３－４－３］だったので、このボールの失い方は我々の構造上の盲点でもあります。カウンターで逆サイドから出てくる相手ＳＨをどう抑え、リスクマネジメントするのか。この点の不備が、どうしても解消し切れなかったのは確かでした。ある意味では、ミラーゲーム以上に厄介な問題です。

2018年はこのような対策をされる試合が増えてきたので、そうなるとこちらも、また次の手、さらにまた次の手を考えていかなければいけません。私の頭の中には、守備の安定、特に攻撃から守備に切り替わったときの安定を踏まえて、4バックに戻す考えがありました。

ただし、4バックに戻した場合でも、今までと同じように立ち位置を取ってズラし、相手を困らせる原則は何ら変わりません。また、最終ラインの枚数は、守備時は4バックをベースとしながらも、ビルドアップについては相手のプレッシャーのかけ方を見ながら、4枚にするのか、3枚にするのか、そこはいくらでも変化をつけられると思っていました。

問題は誰がいつどこで、幅を取るか。それをわかりやすくするために、「3－4－3」でWBを置き、タッチライン際で上下動しながら幅を取る選手を固定していたのです。高い位置で必ず幅を取る。それがベースにあるので、それがWBではなくなったとき、SBが出て行くのか、SHが幅を取るのか。そのあたりは整理しなければいけないと思っていました。

今は、もし守備を「4－4－2」でスタートするなら、SHがパッと幅を取ったほうが早いかなと思っています。あとはそこから変化して、ボランチが1枚下りたら、SBが高い位置を取る。その2段構えで行く準備をする。あるいは、2019年の横浜F・マリノスのように、SHをウイングとして置き、SBを『ハーフスペース』に入れたり、SBの1枚だけを下ろして3バックにしたりと、変化はつけられるだろうと思っています。

これは今思うことですが、[3-4-3]など、いわゆる『5レーン』を意識して選手に《良い立ち位置》を取らせ、選手が横のレーンにズレないように制限する、そういうサッカーは今後難しくなってくるだろう、と。レーンから横に動かない相手に対してマンツーマン気味に付いて行っても、守備組織が大きく崩れることはありません。下がったり、裏へ走ったりする縦方向のアクションは、マンマークで付いてしまえば対応しやすいのです。

逆にボールを奪いに行こうとしたとき、横のレーンにズレて移動されると、守備側としては付きづらくなります。だから私たちが攻撃を構築するときも、横のレーンにズレることをOKとしつつ、そこでしっかりと入れ替わって、結果的には《良い立ち位置》に誰かが必ず立つという流動性をミックスしたものに、今後はトライしていきたいと思っています。

《立ち位置》を取る人が入れ替わるだけで、やりたいことは一緒です。ただ、そこに最初から立っているのか、あるいは、ズレて、ズレて、最終的にそのレーンやスペースを使うのか。そのひと手間、ふた手間を要するような段階になってきているのかなと、最近のサッカーを見ていると思います。

逆にそうしなければ、結局相手に研究され、崩し切るのは難しいでしょう。それこそ本当に個の質でどれだけ上回れるかという勝負になってしまいます。ただ、そういう個の勝負ばかりではなく、コンビネーションで崩すのもサッカーの面白さであり、それを突き詰めることにやり甲斐があるのだと、今になってより感じています。

［4－4－2］から始めて、《立ち位置》をズラすことで攻撃に変化を加え、［3－4－3］のような攻撃のメリットを獲得していく。いわゆる『可変』というやり方は、守る相手からすれば厄介です。最初から《立ち位置》に立ってくれれば、対策を絞り込むこともできますが、可変しながらいろいろなパターンで《立ち位置》を取ってくると、対応は難しくなります。そのような攻撃面を考えても、ポ

ジショナルな流れからの［4－4－2］はトライする価値があるだろうと思っています。

しかし、このような4バック＋可変というバージョンアップのアイデアが2018年の中頃からありながらも、2019年に実行に移すことができませんでした。オフの移籍で、あまりにもたくさんの選手が入れ替わってしまったことが大きな理由です。まずは［3－4－3］で、こういう《立ち位置》を取れば、こういう優位性を得られるというベースを新しい選手に伝えるための時間が必要となり、その作業の困難さをプレシーズンのキャンプで痛感しました。

攻撃から守備への切り替えで問題を抱える［3－4－3］の構造上の弱点、あるいは一度押し込まれて［5－4－1］になったとき、前へ出て行けなくなること。これらの問題を踏まえて、私たちがやりたい「攻撃で主導権を握る」サッカーを実践する上では、コンパクトに上下動しながらの守備を構築できる4バックに変える。その発想はありました。攻撃時は［3－4－3］で身に付けた《立ち位置》を生かし、守備は4バックでコンパクトに。そんなバージョンアップを考えていたのですが、状況的には厳しく、2019年の開幕時には4バック変更を見送る決断になりました。

これは今後の話になりますが、4バックに変えることで、逆サイドのSBが内側に入ってセカンドボールを拾い、カウンターに対するケアをすることができます。ボランチを助けるポジションを逆サイドのSBが取ることで、次の展開に備えます。そのような全体のオーガナイズのほうが、やはりカウンターを受けるリスクは少ないし、ひいてはセカンドボールを拾って、自分たちが2次攻撃、3次攻撃につなげられそうだなと、最近はいろいろなゲームを見ながら改めて感じています。［3－4－3］でWBに高い位置で幅を取らせつつ、セカンドボールやカウンターのリスクマネジメントまで含めるのは難しいと感じます。

我々がやりたいサッカー、つまり「攻撃で主導権を握るサッカー」を実現する上で、ボールを奪われた後の課題が、2017年、2018年を経てはっきりと見えてきたので、2019年は初期配置を［4－4－2］に変えて、そこからどのように《立ち位置》を取り、相手をズラすのか。そこにトライすることはずっと私の頭の中にありました。

開幕時点では見送りましたが、結局、私たちは2019年のシーズン途中に［4

－4－2」へ変えることになります。その決断については、序盤で結果が出ず、降格を免れるために「4－4－2」に変えて守備的に戦ったということは間違いありません。しかし、攻守のバランスを考えたとき、やはり「4－4－2」をベースに相手の守備のやり方を見ながら《立ち位置》をズラしていくほうが、試合が手堅く安定する、対カウンターを含めて良い準備ができるという考え方は、実は最初からあった、ということはこの場を借りてお伝えしておこうと思います。

また、「4－4－2」というシステム、イコール守備的というわけではありません。理想を追い求めつつ、チームにいる選手の特徴やチームが置かれている状況など、あらゆる要素を考慮したとき、その時点での最適解が生まれてくるのだと思います。

2017年に「3－4－3」を導入したときと同じです。システムありきではありません。目指す方向性や修正したいことがある中で、それに適したシステムが生み出されるのです。

2019年の途中は、現実的な勝ち点が必要な状況の中で、守備的なマインドがより緊急性を増していき、私の想定とは異なる流れの中で、「4－4－2」を選択することになりました。結局、その守備マインドは『ポジショナル』を忘れさせるほど、強烈にピッチの中で作用することになります。

詳しくは次の章で。私の仙台での最終年を振り返ります。

5章

ポジショナルプレー交戦

～理想と現実の狭間で～

カウンターへ傾倒していく過程

これまでの流れを振り返っておくと、最初は「自分たちが攻撃で主導権を握りたい」というアプローチから始まり、2017年はそのための「《良い立ち位置》を理解する」という意図から「3－4－3」に取りかかりました。

そこに手応えを感じつつも、一方では攻撃で相手を押し込めなかったときに、自分たちがどうしても自陣に閉じ込められ、苦しい展開になることがデメリットとしてありました。その状態から出て行けるのかというところで、カウンターの鋭さをあまり示せず、そのカウンターのトレーニング自体も、当初はそれほど行っていませんでした。そうなると、相手チームとしても、「仙台は閉じ込めてしまえば大丈夫」となり、そのような対策になっていったのだと思います。逆にSHが下がって5バック化して、後ろで人数を揃えてしまえば守れるだろうと、そういう対策も打たれました。

これらを考慮し、実は2018年の途中から、カウンターで出て行くトレーニングを行うようにしました。自分たちがボールを奪ったとき、どこが空いているのか。ボールを握り返す意識もありましたが、その一方で、自分たちがこれだけ閉じ込められているのなら、相手も後ろに残っていないはず。だとしたらシンプルにカウンターでやり切ってしまおうと、その点をトレーニングしました。その後、前線の1トップ・2シャドーと、ボランチの1枚くらいはカウンターでビューンとやり切ろうとする感覚は、何となく持つことはできましたが、今度は後ろの5枚がそれに追随し、押し上げるスピード感が見られませんでした。

特に夏場は、気候的にしんどいこともありましたが、「これだけ後ろが歩いていると、カウンターでやり切れなかった後に相手に拾われるのは当然だ」と選手には映像で見せて明確に示しました。そこでカウンター返しを食らい、自分たちがもう1回自陣に閉じ込められてしまう現象は、チーム全体で確認しています。そうなると、今度は単純に「走力」という問題が浮かび上がってきます。実際、計測されたスプリント回数も当時の仙台は下から数えるほうが早いチームだったので、これは上げなければいけないと、新たに出てきた課題ではありました。夏場は省エネのゲームが多い、とみなさん思われるかもしれません。ただ、自分たちが相手を押し込んだ状態で省エネができればいいのですが、自陣に閉じ込められた状態では運動量は少なくとも、閉じ込められたストレスといった心理的な疲労度が増します。なるべくなら相手陣に押し込みたい。でも、たとえ閉じ込められたとしても、カウンターで出て行ける一瞬の鋭さとか、スピード感を夏場であろうと持っておけば、そこでスコアを動かすことができます。リードしてしまえば、閉じ込められても、そこまでストレスを抱えて守備をするわけではなくなるので、それらを踏まえ、「走力アップ」に取りかかりました。

2018年の夏なので、ちょうどロシアワールドカップの頃です。リーグの中断期間に私たちは熊本へ行きました。夏の熊本に。夏場も比較的過ごしやすい仙台で私たちは涼んでいる場合ではないと。「暑い中で過酷なトレーニングをするから覚悟してくれ」という話をして、毎日午前9時と午後4時の2部練習をやりました。特に切り替えの場面を想定した練習です。もちろん、熱中症対策を万全に施した上でですが、「これでは誰かぶっ倒れるかもしれない」と強化部から注意されるくらいハードに取り組みました。そこで選手にも覚悟ができたのかなと思います。シーズン中にここまでフィジカルを追い込むのは、なかなかないことでした。しかも、それをすべてボールを使って行ったので、選手も走らざるを得なかったと思います。

もう一つはシステムについて、2018年は［3－1－4－2］にトライしたと前章で述べましたが、その理由はミラーゲームになった相手の5バックを2トップ・2シャドーの噛み合わせで崩すこと、アンカーを置くことでしたが、そこに付け加えるなら、押し込まれた状況を［5－3－2］にして、カウンターで前に出て行く人数を増やせるようにしたというのも、理由の一つでした。［3－4－3］の場合、押し込まれると［5－4－1］になってしまいますが、それよりはカウンターで出て行く人数を確保できるだろう、というわけです。しかし、いくら2トップと言っても、FW2枚がそのまま前に残るシチュエーションはほとんどありません。2トップとはいえ、守備時はその2人を縦関係にしていたので、期待していたほど最前線に飛び出して一気にカウンターを仕掛けるようなシーンは、数として増えたわけではありませんでした。しかし、縦関係になった2トップの1人が中継点となり、そこにボールが収まれば、相手の背後へ出て行く時間を作れるメリットは大いにありました。ただ、自陣で守らざるを得ないときはMF3枚のスライドでは間に合わないので、たとえば勝っているゲームで最後に守り切るときは、「5－4－1」にして、試合をクローズすることもありました。

そのあたりの判断は試合によって異なります。たとえば第21節のアウェーの柏レイソル戦では、残り10分くらいの段階で、ベンチから見ているとスライドが間に合っていないと感じました。3ボランチの中央の富田晋伍に「5－4にするか？」と聞いたのですが、「いや、このままいけそうです」と返ってきました。中盤のスライドさえ間に合えば、ボールを奪った後、前には味方がいる。今までは1トップだったところが、縦関係とはいえ2人のFWの姿が見えるので、カウンターでもう一刺しできると選手も感じていたのでしょう。実際にそのまま「3－1－4－2」、守備時に「5－3－2」の形のまま、試合も2－0で勝ち切ることができました。そのあたりは対戦相手やゲーム状況によって、守り切るから必ず「5－4－1」というわけではなく、柔軟にチョイスしていきました。私はそういう感覚を、よく選手に聞くタイプです。外からの見た目と、やっている肌感覚は違うことがあります。その違和感を覚えたときは直接選手と話すことでそのズレをなくし、チームとしての戦い方を統一させる必要があるのです。

このように、2018年はカウンターのトレーニングを増やしたり、走力アップに励んだり、システムの部分で自陣に閉じ込められた場面を想定したりすることで、戦い方に幅を持つことができました。一方で、目の前の課題の修正に注力することで、少しずつ、少しずつ、志向の変化につながっていったのは確かだと思います。

トレーニングは嘘をつかない

より良い結果を出すために、「どのように勝つのか」を考え、まずは「攻撃で主導権を握ろう」とトライしました。一方、そこから2017年、2018年とつながっていくうちに、[3－4－3] の弱点が少しずつ見えてきました。目の前の試合に勝つ確率を高めるためには、『ポジショナル』と呼ばれる攻撃サッカーを求める中でも、「もう少し守備をやらなければダメだ」という発想に、当時の私は少しずつ変わっていきました。いわゆる「理想と現実」と呼ばれるものです。本当は理想を求めて、求めて、求めて、それをより良いものにして結果を得る。そこにトライし続けることで突き抜けてしまったほうがよかったのではないかと、今となっては感じています。もともとは、それまでの仙台のやり方に限界を感じ、新しいことにチャレンジしたはずなのに、目の前の課題に目が行くあまり、私は「もう少し守備をやらなければ……」と守備の練習を増やしたり、カウンターの練習を増やしたりと、トレーニングに変化をつけていました。

「理想と現実」の関係で言えば、当初の私は、理想と現実を＝（イコール）で結びつけ、みなさんに『ポジショナル』と呼ばれたサッカーをやり始めたのだと思います。スタートの時点では間違いなくそうでした。ところが、徐々に、徐々に、理想と現実が＝だったものが、≠（ノットイコール）になっていき、理想と現実が相反するものになってしまったと、今振り返ると感じます。もちろん、当時はそれを建設的に考えて取り組んだつもりでしたが、勝ち切れないという中で、それこそ試行錯誤した結果が、実際にトレーニングの変化、その量の変化へとつながっていってしまったのです。２０１７年もルヴァンカップではベスト４へ行きましたが、結局、川崎フロンターレを相手に準決勝で負けてしまい、2018年の天皇杯も決勝へ行きましたが、浦和レッズに敗れました。クラブ史上初めて天皇杯の決勝へ駒を進め、クラブの歴史を塗り替えたとはいえ、結局、勝ち切れなかった。そこで「準優勝は心底悔しい」と全員で味わったときから、さらに現実的な方向へとシフトし始めていました。守備思考に、実は少しずつ、少しずつ進んでいた、というところを感じています。

2017年に本当に面白いサッカーを表現できた時期とは、明らかにトレーニングのバランスが変わっていました。これは私の確信ですが、トレーニングは嘘をつきません。2019年はシーズン序盤に「4－4－2」に変えることになりますが、システムを変えた後も、しばらくは「3－4－3」で戦っていた頃の良さが残っていました。やはり、自然と《良い立ち位置》を取れている、と。映像で選手にも見せ、「これは失ってほしくない」とも伝えました。しかし、どうしてもトレーニングの量として、守備が多くなり、方向性、そしてマインドも守備に変わると、今までに持っていた攻撃の良さも、質も、どんどん落ちていきます。「トレーニングは嘘をつかない」、それは今、改めて強く感じていることです。

とはいえ、それは今になって振り返るからこそ、そう思えることであり、当時は結果を強く強く求めていた中で、現実的に失点を減らさなければいけない。それが間違いなく正解だと思っていました。それは私が過ごしてきた時間と経験、そしてそこからくる思想に基づくものであったと感じています。私は仙台というクラブでの在籍期間が長く、選手やアカデミーコーチ時代を含めれば、20年近い時間を過ごし、いろいろなものをクラブの中から見てきました。だからこそクラブが置かれた状況、周囲の期待のようなものは理解していたつもりです。本来は、「結果を得るために今これをやらなければいけない」と、周囲に『ポジショナルプレー』と呼ばれた攻撃的なサッカーをスタートさせたはずなのに、いつの間にか「結果を求めるために、守備的なアプローチの量が増えていった」のです。

そこは今思えば、もう少し貫きたかった、いや、貫いてもよかった、というのが正直な気持ちです。

得られなかった攻撃の手応えと堅守速攻への回帰

そしてもう一つ、守備へのアプローチが増えた大きな要因がありました。それは選手の入れ替わりの多さです。どうしても毎年、選手が引き抜かれ、メンバーが入れ替わるクラブ事情の中で、特に２０１９年のキャンプでは「これは時間がかかるな……」と難しさを味わっていたのは事実です。結果を求めるがゆえの守備思考だけではなく、選手の入れ替わりが激しいために、バージョンアップがスムーズに進まず、一歩進んでもまた一歩戻る、を繰り返すような現実もありました。そのような事情も、２０１９年のシーズン途中に『ポジショナル』な攻撃志向を諦め、完全に割り切って堅守速攻の仙台に戻すことにした、判断材料の一つだったのは確かです。

もちろん、２０１９年の編成時点でチームの3分の1くらいの選手が入れ替わることはわかっていました。そこで獲得できた選手は、我々のサッカー、仙台がやろうとしている方向性に合致すると、私も思っていたので、編成に対する不満はまったくありませんでした。守備はもう少し鍛えなければいけないという思いはありましたが、基本的にはそれまでの《良い立ち位置》を取って相手を困らせるサッカーを継続しようと、それはこのメンバーでやれると思ってスタートしたのは間違いありません。ただ、実際にふたを開けてみると、これほど人が多く入れ替わったとき、こんなにも難しくなるのかと痛感しました。

それでも、まずは攻撃の《良い立ち位置》を取って、これだけの利益が生まれるという意識をチーム全員で共有したかったので、キャンプの頭では徹底的に攻撃を浸透させようとしました。《レーン》を敷くこともやっています。でも、自分の中の手応えで言えば、「これは想像以上に時間がかかるし、もしかしたら途中でしんどくなるかもしれない」という感覚に、キャンプの途中で何となく気づいていました。

私自身、「これはやってくれるだろう」と期待できる選手が加入してくれたのは確かです。ところが、実際にやってみると、この［3－4－3］のやり方はパッと入ってきた選手にとっては難しいのかもしれないと感じました。

チームのスタイルを確立しているところは、選手の出入りがあってもしっかりと補っていける。このような話はこれまでにも述べてきました。2017年の夏にサンフレッチェ広島から獲得した野津田岳人の例もそうですが、「どう勝つか?」が定まることで、スカウティングの効率が高まるのは間違いありません。クラブとしても最大限の努力をし、私もそこに対しての期待を抱いて迎えた2019年だっただけに、今思えば、《良い立ち位置を取る》ことの旨みや面白さを落とし込み切れなかった、自分の至らなさを感じています。

話を戻しましょう。2019年のキャンプは攻撃のベースが浸透したという手応えがなかなか得られず、だからこそ、これはより守備を整理しなければ勝てないぞ、という思いが強まったのは確かです。キャンプの終盤にかけては、守備のトレーニングのボリュームを増やし、シーズンの開幕を迎えました。繰り返しになりますが、少しずつ自分の中での守備のウエートが上がったのは間違いありません。

ただ、決してそればかりではなく、攻撃の部分でアンカーの旨みを強く出そうということも、2019年の最初に取り組んでいました。2018年のアンカーを置く［3－1－4－2］の形だったり、［3－4－3］からボランチが1枚下りて［4－1－4－1］の形でビルドアップする形にしたり、あるいは［3－4－3］のダブルボランチだけど、ボランチを縦関係にしてアンカーとトップ下にしたり。言わばそれまでの2〜3年間でやってきた形をすべて実践するようなことも、キャンプではチャレンジしていました。

しかし、もしかすると、それまでの積み上げがない新しい選手にとっては、一気にやりすぎてしまって、そもそも《良い立ち位置を取る》という基本の部分について、やはり浸透度が薄くなってしまったのかなと思います。

そして、2018年からの守備の課題を克服しなければとなると、やはり［3－4－3］で幅を固定するよりも、4バックでコンパクトに守ったほうが安定感が増します。［4－4－2］でコンパクトにしていると、仮に閉じ込められたとしても全体で上下動をしやすいので、そのメリットを使うことは、2019年の準備時点で私の頭の中にありました。さらに攻撃時は［4－4－2］からの可変式として、様々な立ち位置を取る準備もしました。それらにいつ、どのタイミングで取りかかるか。これまでからの『上積み』としてチャレンジできたらよかったのですが、そもそもの基本となる［3－4－3］から、《良い立ち位置》を生かしたコンビネーションが、なかなかうまくいかないとなると……。これは守備に力を注ぐしかない、という流れは必然だったのかもしれません。

実際に開幕すると、やはり難しい試合が続き、1分け4敗と苦しみました。このままではいけない。第4節の湘南ベルマーレ戦が終わった後、私は選手にはっきりと伝えました。「これからは守備で走れる選手をセレクトしていく」と。

システムは「3－4－3」、あるいは「3－1－4－2」のままですが、その時点でマインドとしては、もはや守備です。リーグ戦で勝ち星がなく、第6節のサガン鳥栖戦でようやく1勝できたのですが、その後も勝てませんでした。そして第8節の鹿島アントラーズ戦が終わった時点で、「4－4－2」に変える決断をしました。

なぜ、システムを変えたのかと言えば、鹿島戦の映像を振り返ったとき、全員が《立ち位置》を取ることは、それまでの名残りとしてやっていましたが、それをまったく使えない。《立ち位置》のメリットを利用できない。心理的にボールを受けるのを怖がったり、瞬間的に隠れたりする選手が増えて、それまでの旨みがなくなってしまったと感じたからでした。だとしたら、これは攻撃の《立ち位置》云々はいったん脇に置いて、これ以上の出血は防がなければいけない。そう考え、鹿島戦の後から［4－4－2］に変更する決断をしました。大きい決断ではありましたが、もともと守備の安定を図る＝4バックという考えが私の頭の中にはあったので、4バックは決して付け焼刃ではなく、私の中では守備の強化というものを重視した、必然の選択でした。

それから1カ月。5月25日の第13節・清水エスパルス戦まで4バックで戦い、勝ったり、負けたりを繰り返しましたが、清水戦後に順位は最下位に落ちてしまい、攻撃の部分では今までの貯金のようなものを、本当に全部使い切ったような状況でした。なかなか勝ち切れないので、選手のメンタルが相当落ちているのも目に見えていたし、何よりも私自身が、自分で決断はしたものの、せっかくこれだけ攻撃でいろいろ積み重ねてきたのに、はたしてチームにとって良い決断だったのかと、思い悩んだ時期でした。

クラブとも、これからどうやって戦っていくのか話をしました。答えは明白でした。「我々は残留しなければいけない」と。状況は変わりました。今まで攻撃でチャレンジしてきたことはまったくの無になりますが、それでも残留させるためには、残留させる戦い方でやっていくしかない。そういう結論に至りました。

その後は［4－4－2］で守ってカウンターで出て行く。堅守速攻を徹底するため、よりハードに、よりタフにやり切れる選手を起用していきました。システムは変わりませんが、守ってカウンターの戦術でより強みを発揮できる選手がスタメンに名を連ねていく、という流れです。シマオ・マテがCBで出場したり、道渕諒平や関口訓充がSHで出たり、富田晋伍もボランチに戻ってきました。

そこからの半年間は、とにかく残留するためにポイントを稼ぐ。そのために徹底したのは、守備組織を強固にする作業と、ボールを奪ってカウンターに出て行く作業、そしてセットプレーです。毎日のトレーニングのテーマは大きく分けて、この3つでした。マインドはすっかり変わりました。トレーニングでそればかりをやっていると、試合では本当にそれしか出せません。ただ、私自身、守備というものをもう1回見直す機会になり、細かく見ていくと、守備における原理原則が疎かになっていることに気づきました。たとえば、単純に『2対2＋2GK』のトレーニングで、いわゆるチャレンジ&カバーの正しいポジションを取って、そこからボールを奪いに行くという作業をパッとやると、カバーのポジションを取らないのです。取らないというか、取れない。だから、1対1が2箇所にあるような2対2になっていました。1対1で抜かれれば終わりです。カバーリングのポジションをしっかりと獲得させるために、ピッチの中央に印を置いて、ここがピッチの中央で、ゴールの中心の延長線上だから、ボールに相対していない人は必ずここにポジションを取ってくれと。そうやってチャレンジ&カバーを繰り返すトレーニングをやりました。当たり前のところをもう1回身に付けるような感じで、本当に、それまでとはまったく違うトレーニングを行った半年間でした。

2019年の途中からは、チームとしての方向性も、マインドも、そしてトレーニングも明らかに変化しましたが、これまで述べてきたように、守備をより意識し出したのはその前からでした。ですから、いきなりその状況になったわけではなく、ましてや「4-4-2」に変えたことで守備的になったわけでもありません。段階的に、少しずつ守備思考が強まり、やがてその流れは止められないものになっていったのだと思います。もし、どこかでその流れを止めるチャンスがあったとすれば、2018年でしょうか。2017年は良いサッカーをしましたが、勝ち切れない試合も多く、総失点は53で下から5番目の多さでした。2018年はその失点を消すという作業に取りかかった部分もあり、もちろん最後は天皇杯の決勝へ行くなど、何となく右肩上がりのように見えますが、もう少し攻撃のところで色をつけられたのではないかと思っています。システムを「3－1－4－2」に変えるなど、変化はつけたのですが、それをブラッシュアップするトレーニングを増やせば、攻撃でもっと優位性を保つ時間が増えたのかなと思います。結果的に、そこで勝ち切るところに持って行ければよかったのかもしれません。

しかし、当時はカウンターのトレーニングや、走力アップのフィジカルトレーニングを増やす方向へ進んだので、その流れからいくと、2019年に、守備へと傾いたのは必然でした。やはり、トレーニングのバランスは一番大きいと思います。だからこそ、同じトレーニングをもっとやり込んで、それこそ1トップ・2シャドーのコンビネーション、「3－1－4－2」なら2トップ・2シャドーのコンビネーション、そういう練習をもっともっと反復することで、タイミングを取る、質を上げる、スピードを上げる。そういう方向に持って行く時間は作れたかなと思います。今思うとですが……。

2019年のキャンプを思い返しても、《レーン》を敷くなど基本的なやり方はそれまでと同じでした。やり方の問題ではなく、やはりトレーニングの質と量です。もっとトレーニングを繰り返すことで成功体験を増やし、こうすればうまくいくというところを、もっと獲得させなければいけなかったと感じています。あるいは最初の数試合はうまくいかないと、私自身が割り切って、攻撃に特化していれば、もう少しうまくいくものができたかもしれません。

やはり、前年からの流れを含めたマインドが大きかったと思います。2018年は守備や切り替えに力を入れ、整理はできましたが、結局、強度や質の面で守り切れない試合があり、失点数は2017年と変わりませんでした。改善するためには、もっと守備のトレーニングが必要だという考えがあったので、たとえ攻撃ができなくなっても、それでも失点を減らそうという方向に頭が向かってしまったのは大きかったと思います。

理想と現実の狭間で

２０１７年の終わりには、良いサッカーを見せられたという自負はありましたが、「結果はどうだったの？」「試合は勝ったの？」というところになると、やはり勝ち切れなかった。そういうものを覆してこそ、評価されると思っていたので、そこで終わりたくない、ということも考えていました。そんな中で少しずつ守備をやらなければと、私の頭の中は変わっていきましたが、やはり今振り返れば、もっともっと攻撃を研ぎ澄ませ、やり切り、相手を圧倒するんだ、という発想で突き進むべきだったのではないかと痛感しています。

すでに述べた通り、仙台は私にとって、19年在籍した特別なクラブでした。選手として加入し、様々な役職を経て、最後は監督まで務めさせてもらう中で、理想とするサッカーがありつつも、次第に守備マインドが増していき、最終年には残留を果たすためだけのサッカーに変わってしまいました。でもそれは、自分が長く在籍したクラブを、愛していたがゆえの決断だったのは間違いありません。

6章

ポジショナルプレー番外編

～チームマネジメント論～

スタメンとベンチメンバーをどう選ぶか？

最後に、『ポジショナルプレー』からは少し離れますが、私のチームマネジメント論についてお話ししたいと思います。私は基本的に、選手の成長、チームの成長、クラブの成長を第一に考える教育者タイプの監督であると自覚しています。だからこそ、前の試合からの流れ、前年からの流れ、その週のトレーニングに励む選手の様子や心理などを重視し、観察しています。

そうした志向は、もちろん試合に臨むメンバーの選択、ゲームプランの考え方にも影響を与えます。私はスタメン11人と、ベンチの18人を選ぶとき、それを決めるにあたり、あらゆる考えが何十周と頭の中を駆け巡ります。結果的には最初に思い描いた11人に落ち着くことが多いのですが、自分の中では、何十周もした末にたどり着いた結論なので、そこで選んだ11人には、少なくとも、大きな修正を施せるハーフタイムまでは乗り切ってほしい、それができるメンバーを選んだという自負があります。それゆえに、交代のタイミングを意図的に遅らせることがあります。

ある試合で、若い選手を起用したときは大変でした。明らかに試合に入れていない。でも、そのとき私は交代させませんでした。最終的には足を攣って交代せざるを得なかったのですが、その試合にスタメンで起用したのは私自身なので、その決断には自信を持っていました。そして何より彼には降りかかった試練を乗り越えてほしかったのです。そのような思い、ともすればちょっとした意地を持って、使い続けたゲームもありました。それがプロの世界ではたして良いのかどうかは、わかりません。しかし、結果もそうですが、どうしても選手の成長を優先してしまう瞬間のほうが多かったと感じています。ただ、自分自身の反省としては、もう少し早く決断して動いたほうがよかったと思うゲームもありました。前半のうちに選手交代をしたのは、おそらくこれまで3回しかなかったと思います。

もちろん、早く交代ができるから良いとか悪いとか、そういう話ではありませんが、もっと早く決断し、何らかのアクションを起こす。それによってゲームの流れを変えたり、結果を変えたりすることができただろうと、それについては今思うと反省すべきところも多かったと思っています。

私は基本的に18人のメンバーを選んだ時点で、ゲームプランはある程度決まっています。そのプランがいくつあるかは試合によって異なりますが、ゲームが始まる時点で、それまで準備してきたものが、プランBやプランCへの変化を含めて、メンバー構成という形で表現されます。

監督によってはサプライズ的な選手をベンチに入れて、勝負師のような采配をすることもあると思いますが、18人のベンチメンバーに、その一戦に向かうためだけのサプライズ的な選考を交ぜるのは、なかなか難しいと私は感じています。

入れることができても1人でしょうか。そしてその1人をどう起用するかで、大きく流れを変えたり、スタジアムの盛り上がりを増幅させたりする、ということを私も実際にやったことはあります。ただし、現実問題として、18人の選考の時点で様々なプラン、ストーリーがあるわけで、それを考えると、なかなかそこまで考慮するのは難しいというのが正直なところです。

ゲームプランの作り方ですが、私の場合は、最初に一番良いストーリーを一つ描きます。先制ができて、追加点も取れた。あとは逃げ切りましょう、というストーリーをまず考える。そのときの点差にもよりますが、逃げ切りを考えると、最終的には守備をどうやって固めるかになります。そのために、システム変更が必要か、守備の強度をどれくらい保てるか、といったことも考えながら、ストーリーが一つできあがります。これは最も理想的な、勝利の方程式と言ってもいいでしょう。

では、良いストーリーにならなかった場合はどうか。試合をひっくり返さなければいけない状況になれば、より攻撃的に行くことを考えたときに、対戦相手も踏まえ、どういう並びに変えるのか。お互いに拮抗していたら、システムを変えて打開するのか、人を変えて打開するのか。その選択について、それぞれの流れを想定しておく、というのが大まかな考え方です。スコア別に考えれば、リード状況、同点状況、ビハインド状況で、プランは3つです。それを細分化していくと、×2、×3と増える。あとは先述のサプライズ枠のように、たとえば怪我で長期離脱していた選手が、今回ようやくベンチに戻って来られる。それならば、17人でゲームプランを賄えそうだから、18人目はその選手を入れて「この選手がホームゲームに帰ってきたよ」というものを見せるタイミングが、もしかしたら作れるかもしれない。そういうストーリー性というか、サポーターが喜ぶような要素も入れることができればベストです。ただし、余裕がないときもあります。いや、余裕がないときのほうが多いかもしれません。

あとは相手ベンチとの駆け引きです。2019－20シーズンのプレミアリーグでは、コロナ禍による中断明けの第30節エヴァートン戦で、規定によりベンチ枠が7人から9人に増えたこともあり、リヴァプールはコンディション不良で出場不可能と見られていたモハメド・サラーを、メンバーリストに加えました。結局、サラーは起用されなかったのですが、おそらく相手ベンチとの駆け引きがあったのではないかと推測します。たとえば、ベンチに入れるＦＷの残り1枚を、この選手とこの選手、どちらにしようかと悩んだとき、相手チームに「あの選手がベンチにいるのは嫌だな」と思わせる選手を入れるという判断は十二分に考えられるし、私も実際に行ったことはあります。さすがにまったくプレーできないコンディションだったらベンチ入りさせませんが、そういった駆け引きも大事な要素です。たとえば、ハモン・ロペスが怪我で離れていたけれど、次の試合はサブで入れそうな状態になったと。一方、その週のトレーニングを見ると、別のＦＷも頑張っている。特にその選手が若かったりすると、コーチ陣からは「あいつ良いじゃないですか」「あいつ今乗ってますよ」というアドバイスがあります。

ただ、もしも自分が相手の監督だったらと考えると、その若い選手が入るより、ハモンがベンチにいたほうが嫌だなと。そのような議論になることは何度かありました。最終的に決断するのは私ですが、このように周囲の意見も聞いた上で、調子の良し悪しだけでなく、ハモンのように相手を嫌がらせる選手をあえてベンチに選ぶこともありました。むしろこれは教育者の判断ではなく、勝負師タイプの判断と言えるかもしれません。もしかすると、私の特徴とは矛盾すると思われるかもしれませんが、この選択はサブの選手に関してのみ行ったものです。もちろん、サブの選手にも大きな期待はするのですが、比較すれば、11人を決める作業のほうが頭を悩ませます。

11人の決定に至るまでは、私の頭の中で何十周も回り、最終的にその11人で行くと決める。そこまで考え抜いたのだから、まずはこの11人でしっかりゲームを戦い、自分たちが準備してきたことを思う存分チャレンジする。そういう意志をスタートの11人に私は託してきました。11人を選ぶときのほうが、心理面やストーリーといったあらゆる要素を考慮しつつ、より緻密に、綿密に、慎重になっていたと思います。

ただ、それらも今思うと、現在の私にはいろいろな心境の変化が起きている、と感じさせられます。2020年は選手交代の枠が5人に増えていますが、今こうして現場を離れて、様々なことを整理できるようになると、今のレギュレーションで指揮をとりたいという思いがあります。今までの自分とは違うものにチャレンジできるのではないかと思って見ているのです。ハーフタイムに3人交代して、それで劇的に流れを変えられるゲームもある。メンバー選考の過程も含め、5人交代をやってみたい！ 挑戦したい！ という気持ちが湧いてきています。外からサッカーを見るようになったことで、より多角的に、客観的に判断できる要素が増えてきた感覚があります。

これまでは、目の前の選手やチームと真正面から向き合ってきました。言い方は少し無責任ではありますが、今は当事者の心配を抜きに、純粋に勝つために、ああでもない、こうでもないと考えられるようになりました。このような見方を持っておくと、頭の中に少しの余白ができ、実際のゲームにおける決断にもゆとりが生まれ、ときとして誰にも想像がつかないような発想が出てくるのではないか、と期待している自分がいます。選手交代は監督の腕の見せどころの一つです。今の5人交代枠を考えれば、フィールドの半分の選手が入れ替わるわけですから、「半分替えられるのなら、ゲームも変えられる」と感じています。

「想定内を増やす」アプローチ

ゲームプランを考え、それに基づいてメンバーを構成していくということは、「想定内を増やす」ということと同義であると思っています。もしかすると、日々のトレーニングにもその要素が含まれているかもしれません。我々が取り組んできたサッカーにおいて、「再現性を生み出す」ことは極めて重要であるということはこれまで述べてきました。偶然には頼らない。サッカーにおいて「同じ現象は生まれない」とよく言われますが、再現性が高いということは、「同じような現象」をあえて生み出そうとしているのです。そこに相手チームの分析が乗っかってくれば、「同じような現象」が増えるのは当然かもしれません。それはまさに、我々の「想定内」のプレーになるのです。もちろん、サッカーというスポーツがすべてその「想定内」に収まることはありません。もし仮に収まってしまえば、面白みのない、実に味気ないものになってしまうでしょう。想像を超えるプレーや発想こそが、見ている人を驚かせ、感動へと導くものであるということは理解しています。試合の「結果」が、その一つのスーパープレーで決まってしまうことも往々にしてあります。

実際、私が指揮した6シーズンにおいて、想定を超える相手のスーパープレーで敗れたこともありました。一方で、スーパーゴールが我々に勝点3をもたらしてくれたこともありました。それでも、我々は再現性や「想定内」を求めてきたのです。いつ出るかわからないスーパープレーに頼らないために——。そして、その「想定内」の元でゲームを進めるために日々トレーニングに取り組んできました。

こうした「想定内を増やす」アプローチは、ミーティングの中でも行ってきました。試合当日、ホームゲームであればクラブハウスで、アウェーゲームであればホテルで、出発前にミーティングを行います。メンバーを発表し、戦術的な話をし、セットプレーの攻守について確認する。そして最後にメンタル面についての話をします。その中で、「想定内を増やす」ということについて話した事例をいくつかご紹介したいと思います。

たとえば、これから向かうスタジアムは陸上競技場。過去にそこで戦ったときは春の陽気な気候も相まって、試合の入りが悪く先制を許したことがあった。そうならないよう、「このスタジアムは開放感があり、長閑な雰囲気になりやすい。そういう空気に流されないよう心してかかるぞ」と。あるいは、その日の主審はカードを出す傾向が強く、我々も過去にレッドカードをもらったことがある。だから「余計なカードをもらわないようイライラしないこと！」と伝えておく。これは自戒も含めてですが……。

さらには、天候についても。仙台は夏も大変過ごしやすく、いわゆる猛暑というものを体感することがありません。夜になればグッと気温が下がるので、夏場のホームゲームも非常に戦いやすいのです。相手チームにしてみれば普段過ごしているところに比べると遥かに涼しいので気持ち良く動くことができるのですが……。これが、逆になったときが問題です。関東や関西の蒸し暑さに順応するのに苦労します。しかし、それを仕方がないと諦めるのではなく、まずは日々の取り組みを変えることで順化させるようにしました。もしかしたら大きな効果は得られないかもしれませんが、それらをやっておくことで、いざ暑くなってきたときにこう伝えることができるのです。「俺たちは暑熱対策をしてきたから大丈夫」と。さらに、当日にはこう付け加えます。「今から出発するが外はかなり暑い。でもこれは俺たちの力では変えられない。だとしたらそれを受け入れよう。変えられないものにエネルギーを注ぐのではなく、変えられるものにエネルギーを注ぐ。変えられるもの、それは俺たちの心構えだ」と。暑い、暑いと嘆くのではなく、それを受け入れ、覚悟を持って戦いに行くのです。

夏場に弱いと言われてきましたが、2018年は7~8月の9試合を4勝1分け4敗の五分に星を戻すことができました。これから起こり得る出来事と、それに対応する術を同時に「想定」しておく。それは、ポジティブな事象だけではなく、ネガティブな事象についても同様に取り扱う。むしろ、ネガティブになり得る事象をあえて取り上げ、そうならないようにどうするかというところまで「想定」しておくことが大切なのです。そうすれば、いざ、自分の身にネガティブな事象が降りかかったとしても慌てることはありません。ピッチ内外でこうした「想定内を増やす」ことで、地に足をつけて戦うことができるよう取り組んできました。

監督とコーチの違いとは何か

監督とコーチはまったく違う仕事、職業であると思っています。

逆に同じものは何かと考えると、まずは目的です。選手を成長させる、チームを強くする、そして勝つ。そのために監督やコーチなどの指導者がいるので、立場が変わっても目的は変わりません。

しかし、それ以外はすべて違う、と言ってもいいかもしれません。やっている仕事の中身も似て非なるものだと感じます。たとえるなら、医師と看護師でしょうか。何より、決断について一番大きな責任を負う立場という大きな違いがあります。

決断の部分で言えば、練習メニューを決めるのは監督であり、そのトレーニングがあって、試合で表現できるものが決まってきます。トレーニングに加えて、選手を11人選ぶ、18人選ぶ、誰と誰を交代させるのかということも含めて、監督が負っている決断は大きく、重要で、それはみなさんにもわかりやすい部分だと思います。加えて、周囲との関係性や接点について言うと、コーチは選手との関わりがほとんどだと思いますが、監督の場合は、一番は選手、そして支えてくれるコーチ、チームスタッフ、フロントスタッフ、そしてスポンサーやサポーターとも強い関係があります。もっと広く言えば地域の経済界や教育界といった分野との関わりもあります。メディアもそうです。そうした要素のすべてをマネジメントすることを考えると、もちろん選手の成長に心血を注ぐのは一番ですが、それ以外に背負うものの大きさ、量は計り知れないと思います。

監督としての振る舞い、態度、姿勢。これは人それぞれだと思いますが、結局はその人の人間性が立ち姿や言動、行動に表れるものだと思います。ですから、監督とコーチの違いがいくら大きくても、コーチから監督になったからといって、何かを劇的に変えるということは、私は意識しませんでした。でも逆に言えば、私はそこを強みにして、選手との信頼関係を大事にしながら、一緒に育んでいくんだ、この難しい状況を打開するんだ、という思いでいました。だから、何かを自分で変えようとは思わなかったし、「監督と呼べ」と言ったこともありませんでした。シーズン途中の監督交代はそれだけで充分に何かを変える要素がありま す。

当時の私には、自らをどうプロデュースするかとか、どう呼んでもらうかといったことは、大きな問題ではなかったのかもしれません。それでも結果的に私もこれだけ長く、6シーズンも監督をやらせてもらい、様々な経験をさせてもらう中で、自然と立ち居振る舞いも変わってきたのかな、と感じることがあります。長い付き合いの選手からすれば、ずっと「ナベさん、ナベさん」という感じでしたが、最後の2019年では、ほとんどの選手が、私が監督になってから仙台に来た選手でした。そう考えると、監督としての渡邉晋を理解した上で、このクラブに来る決断をしてくれたので、そういう選手からすれば、私のコーチ時代など知らないわけです。だから、今みなさんが思い描く、監督・渡邉晋というものは、これまでの時間と経験が作り出してくれたものであると思っています。

実は、2018年に一度、私の中で意図的に選手への関わり方を変えたことがありました。それまでは選手と近い存在で、監督になってもそのままのコミュニケーションでいいと思っていたのですが、監督としての在籍期間も長くなり、ともすれば甘さが出てしまい、選手が自立し切れないような感覚を同時に抱いていたので、意図的に自分の中で変化をつけました。突っぱねるというほどではありませんが、コーチに任せる割合を増やし、自分が前に出すぎず、一歩引いたところから観察するオーガナイズを増やしたりしました。それができるほど、コーチ陣が頼もしくなっていたというのも間違いなくあります。しかし、一番はマンネリをなくしたいという思いがあり、私自ら何らかの変化を求めていたという感覚があったからです。

もちろん、それによって「なんかナベらしくないな」と言う人もいました。そう思わせることが結果的に良い方向へ行ったのかどうかは、正直わかりません。それでも私は、そこで変化をしたことについて一切後悔はありません。自分に厳しくし、人にも厳しくする、といったことを自らに誓うことで親しみや甘さを払拭する。ピリッとした雰囲気や態度は、自分の中で求めていたものなので、そのようなチームへと変貌させる、これも一つの挑戦でした。チャレンジしなければエラーは生まれません。何もしないことが一番のエラーであると自らに言い聞かせながらこれからも挑戦し続けたいと思っています。

コーチとの関係について話を戻しましょう。監督はコーチとのバランスが大事です。結局は監督の色でチームは決まります。染まるものもたくさんありますが、コーチがどのような振る舞いをしてチームを盛り上げるか、隣にどんなコーチを置いて役割を担わせるのかは、非常に大事であると感じています。もちろん、そもそものサッカー観の部分で、コーチが言っていることと監督が言っていることが違ってしまったら元も子もありません。そうならないことが絶対条件ですが、それぞれが持っているキャラクターも含め、ピッチ内外で役割を全うできることが必要です。

私のコーチ時代を振り返ると、（手倉森）誠さんは監督としてドッシリとしていました。ダジャレの話題が上ることも多いですが、ピッチ内では監督としてドッシリとしていました。その姿を見ながら、私たちコーチ陣はときに盛り上げ、ときに引き締め、誠さんの隣で多くを見聞きしながら、監督とコーチとの関係性、そして監督としての振る舞いを学ぶことができました。

アナリストやテクノロジーとの協調

現在のサッカー界を取り巻く状況を鑑みると、今後指導するチームでは、アナリストの専門家を充実させたいと思っています。実は仙台にはアナリストの専門家がいないことが多く、コーチングスタッフが手分けをして行っていました。私もコーチ時代に経験しましたが、一人のコーチが対戦相手のスカウティングや、自分のチームの映像を作って監督に渡していました。

アナリストの専門家がいた時期もありましたが、その頃のことを今思うと、まず仕事が早い。休み明けの朝にはデスクの上に資料が置いてあり、次に対戦する相手についての議論もどんどん進みます。また、見方が面白い。非常に客観的にゲームを捉えているので、起きた現象についてクリアかつドライに意見を述べてくれました。私自身が見えていなかった部分を抽出してくれたり、また、違った見方に触れたりしてくれることで多くの刺激をもらうことができました。要は専門を極めているのです。

「監督は多分これを要求している」というようないわゆる忖度もなく、私とは違う見方で、「ここはこうです！」と明確に提出してくれることが、私にとって新鮮で、意外と腑に落ちたりすることがありました。ただ、その仕事量を考えると一人では相当大変なので、理想を言えば2〜3人いて、より多角的にいろいろな角度から対戦相手を分析し、また、自分のチームも分析し、今起きている現象を感情論抜きにして解析結果として渡してくれるアナリストが近くにいてくれたら心強いと感じています。

海外のチームを見に行くと、そのあたりは非常に充実しています。チームが抱えているアナリストの数がそもそも多いし、また、近年はテクノロジーも発達している中、それらを使いこなせる人材も豊富です。その最先端に取り組めば、もっと効率が上がるだろうし、実際にその映像を見た選手にも視覚的にわかりやすいものを提供できるかもしれない。さらには、ゲーム中にリアルタイムで情報をもらいその場ですぐ活用する。そういう部分で監督の決断の選択肢を増やせると思うので、今後はその部門を充実させたいと思っています。データには感情がありません。材料として出されるものが、実際に起きている現象のすべてです。もちろん、それらがゲームの内容を克明に表しているとは限りませんが、そこから何を紐解くのか。何を見ようとするのか。そのときのチーム状況を表すヒントがデータには数多く隠されていると思います。ある意味、真実に近いものなのかもしれません。それを「必要ない」と拒絶してしまうか、「そういう考えもある」と受け入れられるかは、好き嫌いもありますが、監督としての力量につながる部分かと思います。

もちろん、意見がぶつかることはあると思いますが、今これだけテクノロジーが発達し、いわゆる可視化の部分で進んでいるものがあるのであれば、私はそれを活用してみたいという思いが非常にあります。

テクノロジーで言えば、もう一つ。実は《良い立ち位置》というものを可視化することが、テクノロジーで何かできるのではないかと今考えています。新型コロナウイルス感染拡大の影響もあり、なかなか話が前に進んでいませんが、映像の質や、その映像を撮っている角度など、そういったものをいろいろ工夫すれば、可能になるのではないかと話し合っているところです。

「良い立ち位置で2人困らせる」と言っても、1メートル違うだけでその《立ち位置》が本当に『良い』のか『良くない』のかは変わってしまいます。ピッチ上で立っている感覚と俯瞰して見たものとを一致させるためには、《良い立ち位置》の可視化が必要になるのです。そのためには、相手の守備者の守備範囲というものを可視化して、そこに捕まらないところに立つことが大事だとわかる映像を作る。あるいは、そこからの発展として、捕まる場所に立っていたら、「あえて守備範囲につかまるところに立つ」ことで、「1人しか困らせられないかもしれないけど、この相手を困らせられれば、その裏を誰かが使える」という話にも発展できると思います。

相手守備者の守備範囲に基づく《良い立ち位置》の可視化。これができるようになると、選手にもよりわかりやすく伝わり、戦術の浸透も早まる可能性があると考えています。選手の感覚、創造性はものすごく大事です。しかし感覚任せですべてを成立させてしまっては、再現性は生まれません。選手の感覚と、見ている私たちの感覚にズレがあっても何となくでOKにしてしまうことはNOであって、それを伝えるためには可視化できるとよい。今後は、リアルタイムで映像をもらって、ハーフタイムに見せるといったことも可能になるでしょう。

また、守備側から考えると、そこを埋める立ち位置を取れれば、守備においてそのスペースを支配できる。『背中で消す』というのも、どれくらいの距離や角度なら実際の相手を背中で消せるのかというところで、一人ひとりの守備範囲を可視化できれば、攻撃も守備も、最適なポジションに修正していけるだろうと思います。

相手の守備範囲の届かないところに立ち、そこにパスを出せば必ず通るという考えの共有、そしてそのイメージの体現化に役立つテクノロジーが発展し普及することを願っています。

2020年から学ぶマネジメント

監督は決断をする者として、公平性が求められます。だからといって、こちらから必要以上にコミュニケーションを取りにいったり、スキンシップをしたりする必要があるとは思いませんが、フラットに見る目、というものは重要になってくるでしょう。選手は結局、試合に出られるか、出られないか、がすべてです。試合に出られないとき、こちらからコミュニケーションを取りにいくことがありますが、そこで試合に出られない理由を説明しても、聞いている選手からすれば、すべて納得できる話にはならないでしょう。

これまで、選手には「我々は評価される側だ」という話をしてきました。もちろん監督である私も同様ですが、選手は常に評価される側です。する側に回ることはほとんどないと言っていいでしょう。自己評価というものは、ときに自分の成長を妨げることがある、と私は思っています。だから選手には「自己評価ではなく、自己分析をしてくれ」と伝えてきました。自分で自分を評価してしまうと、他者からの評価とのギャップが生まれたときに苦しんでしまう。でも、それが分析であれば、周囲から何を言われようと、その分析に基づいた行動ができるはずだと考えているからです。

それでも、試合に出場できない選手の心情は理解できるので、そのような選手は個別に呼び、必ず存在するその『理由』を伝えてきました。私は毎日のトレーニングを誰よりも細かく、つぶさに見ている自負があります。メディアやサポーターも含めて、「なんであの選手が出ないんだ」と言われることもありましたが、私の中ではすべて説明がついていました。

もう一つは、個別のコミュニケーションではなく、マネジメントの仕組みで選手の不満を解消する方法があるかもしれません。「チーム全員の力が必要だ」とほぼすべての監督が口にします。それはもちろん事実なのですが、その言葉により説得力を持たせ、選手に響くようにするためには、実態を乗せていく必要があります。

たとえば、2020年は新型コロナウイルスの影響で、Jリーグが超過密日程になりました。こういう連戦自体は、これからも起こり得ると思います。その中で対戦相手を踏まえながら、自分たちの選手をどんどん替えていく。ある程度のチームの武器は決まっているとしても、その中でどこに、どの選手の武器を当てはめ、相手を凌駕するか。それを考えると、どれだけ調子の良し悪しがあっても、今日の試合はこういう戦い方をするためにこの選手のこの武器を使ってゴールを奪い、そして勝つ、というゲームプランにする。そして、そういう考え方をチームの立ち上げ段階で、選手に対して明確に提示してあげれば、選手も「だとしたら俺は自分の武器を磨いて、いつ自分の出番が来てもいいように備えよう」と、思えるのではないかと感じています。

私は今まで基本的に、「調子が良ければ使う」というスタンスでやってきました。選手にもそれをずっと言ってきました。しかし、先程述べた「評価」の話のように、監督が思う選手の良し悪しと、選手自身が感じている良し悪しに違いが生まれることがあります。だから、選手には「自己分析」をしてもらいつつ、監督としては、調子の良し悪しだけでなく、選手の「武器」をその日のチームの「戦い方」にアジャストさせていく。そのような手法が今後必要になってくると感じています。

調子の良し悪しはもちろんありますが、チームの戦い方、相手の戦い方を総合的に判断してメンバーを構成することを、最初から謳って、「だから全員の力が必要なんだ！」というマネジメントにし、その通りに起用していく。そうすれば、これからのサッカーに求められるゲーム体力の負荷や、選手の心理的なマネジメントを含めて、様々なものを解決できるのではないかと感じています。

『3＋4対4』は最初に提示するトレーニング

本書では、選手にポジショナルな戦術を提示するためのトレーニングをいくつか紹介していますが、特に中心となるマストのメニューは、『3＋4対4』（1章16ページ参照）です。

ここ数年は、初日のトレーニングで、チームに提示していました。言ってしまえば、我々がやりたいサッカーのトレーニングの大半が含まれているようなメニューなので、それを最初に提示していたのです。我々にとっては非常に大事なものなので、特に新しく入ってきた選手には、こちらから何も言わずにまずやらせてみて、どれくらい感覚があるのだろうかと観察したりしました。あるいは、今までにいた選手がどれくらい伝えてくれるのだろうか、と。そういう様子を見るのは、こちらも楽しみではありました。ある選手は、前所属のチームでもこの練習をよくやったと言っていました。しかし、「深さを取る」ということは、前所属のときは言われておらず、その選手はボールに寄ってしまう傾向がありました。そこはどちらが正解、不正解ということはないと思います。ボールに寄って、そこで数的優位を作って前進して行ければ、それはそれで成立すると思います。ただし、私の考え方として、仙台ではこうだよと、寄りすぎないように《立ち位置》を取ってくれと、そのメニューから伝えることができました。選手の感覚にアプローチしつつ、チーム内の原則を落とし込む。そのために、あえて最初のトレーニングで行っていました。

シーズンの立ち上げにおいて、チームに対して初めに何を話すのかは非常に重要です。と同時に、最初のトレーニングで何を行うか。これもまた重要です。その意味では、インパクトを与え、かつ戦術の落とし込みをするために、最初に提示するものを監督として準備しておく必要があるでしょう。おそらく、私がこれからチームを指揮するときにも、まずこの『3＋4対4』をやると思います。

そして、初日に行うことに適している理由の一つとして、このトレーニングは負荷がそれほどかからないということです。フィジカル的にも、オフ明けの最初に、いきなりやっても構わないトレーニングなのです。守備に追われ続けると、少ししんどいですが、それほど心拍数は上がりません。走行距離が上がるトレーニングでもないので、とにかく頭を使って、《良い立ち位置》を理解し、仲間としっかりコミュニケーションを取ってプレーする。そういう部分も加味されています。心拍数が上がると思考が鈍くなり言葉も出てこなくなってしまいます。心拍数が上がらないからこそ、より頭を使い、コミュニケーションを取ることができるのです。

それこそ、仙台がまだハートレートモニターを導入していなかった頃は、このトレーニングも心拍数がある程度上がるくらいの負荷はあるだろうと思っていました。ところが、実際にハートレートモニターを導入し、全員が付けてやってみると、実は全然上がっていないということが数字を見て明らかになりました。だからこそ、最初のメニューとして行うことができるし、内容的にもマストだと。

やはり今後も、最初に行うことになるでしょう。

2020年7月に、ある高校のサッカー部にお邪魔して、トレーニングをしてきました。前日に監督と打ち合わせをしたのですが、チームとして、中盤から前線の守備に課題があるということだったので、メインのトレーニングとして、この『3＋4対4』をやりました。目的は「中盤から前線の守備の構築」です。そのためには、まず攻撃側が《良い立ち位置》を取ることで、守備側は1人が相手2人を見なければいけない状況を作り出さなければいけません。攻撃側の人数が多いというのもありますが、その状況下で、今ボールを奪いに行くのか、行かないのか、というところを、前の2人と後ろの2人でコミュニケーションを取ってやらなければいけません。このタイミングなら前を行かせてもOK、自分たち後ろも一緒に出てボールを奪いに行ける。そのような狙いを共有し、成功体験を獲得することで、実際にゲームの中で相手ボールを奪い切るシーンを増やしてほしかったのです。

しかし、最初の問題はやはり攻撃でした。攻撃側が深さを取らずにどんどんボールに寄ってしまうので、後ろのDF2人は困りません。全員が狭いところでガチャガチャとなって、何となくボールを奪えた。そういうふうになってしまったので、まずは「攻撃はここにいてごらん」と立ち位置を整理して、その後に守備側はどうするのか、というふうに進めていきました。当然とも言えますが、やはりまずは攻撃側が相手を困らせる立ち位置を取らなければ、守備の戦術トレーニングになりません。想定内ではありましたが、やはりそういう現象が起きるのかということは確認できました。深さ、奥行きを取ることは大事ですし、そのような《良い立ち位置》の感覚が攻撃側にないと、相対する守備の戦術もなかなか高まらないと感じました。

こうした《立ち位置》の整理については、こちらからどの程度伝えるかは難しい部分ではあります。この日は守備がテーマだったので、早々に攻撃側に《立ち位置》を伝えましたが、攻撃がテーマだとしたら、まずは様子を見て、「なぜボールを失ってしまうのだろう」「なぜうまく前進できないのだろう」といったことを考えさせる必要があります。あまり決めすぎるとそればかりになってしまい、選手が考えなくなってしまう可能性があります。

一方でどうしてもわからない選手の場合は、本当にガチャガチャと動いてしまうので、「そのガチャガチャ動いた先に何を起こせる？」「相手がそれでどれくらい困っているの？」ということは、早い段階で整理させなければいけません。このトレーニングに限ったことではありませんが、どれくらい我慢してどれくらい伝えるか。これこそが指導者としての腕の見せどころになるのではないかと思います。

『ポジショナル』が当たり前となる育成へ

私は仙台にいたとき、「自分たちは弱者だ」と言ったことは一度もありません。ただし、悔しい思いを持って集まってきた選手が多い中で、そういう選手のメンタリティをくすぐらなければいけないし、それをエネルギーに変えたいという思いがあったので、選手には『反骨心』という言葉でその思いを伝えていました。

仙台に移籍してくる選手の場合、前の所属クラブで試合に出られなかったり、怪我で苦しんだり、あるいは初めてのＪ１クラブであったり、そういう選手が加入してくるケースが多くありました。何かしらの挫折を味わった直後や、「これからやってやる!」という気概を持った選手ばかりとも言えます。そういう選手の気持ちをくすぐるためには、「去年は悔しい思いをしただろ?」という話からスタートします。そういう意味で、『反骨心』は間違いなく個人のエネルギー、チームのエネルギーになると思い、そのようなアプローチをしてきました。

『反骨心』を携えた者たちが強豪に立ち向かう。それは戦術の発想としても同じです。11対11の試合で、先鋒から始まり次鋒、中堅……最後に大将と、すべての局面を1対1で戦うとすれば、我々が勝つ確率は少ないかもしれません。でも、サッカーはそうではない。ということを考えれば、束になって襲いかかる戦い方、1人ではかなわなくても、11人だったら上回れるんだ、という考え方は有効だと思います。だからこそ、「良い立ち位置を取ろう」「走り方を考えよう」といったアイデアが生まれてくるわけで、その発想が『ポジショナルプレー』と呼んでいただいたサッカーにつながったのだと思います。

守備を考えたとき、ゾーンディフェンスも似たような発想から生まれた戦術と言えるかもしれません。相手の質を抑えるためにはどうすればいいのか。スペースを管理した《立ち位置》から、しかるべきタイミングで相手1人に対し、数人で囲みボールを奪い切る。そこからゾーンディフェンスのセオリーが生まれてきたのだと思います。

2018年のロシアワールドカップはフランス代表が優勝しましたが、彼らの個に日本代表が勝てるようなイメージはなかなか持てませんでした。だからこそ、未来の日本代表サッカーを考えたとき、『ポジショナルプレー』に基づく戦術的なベースが必要になるだろうと感じています。そして、その戦術の中に、強い個がはまっていけば、まさに最強です。

しかし、私自身が2019年のキャンプでつまずいたように、新しい選手に一から指導するのは、やはり時間がかかる作業です。その意味では、若い世代の育成が非常に大事になってくると、私は思っています。『ポジショナルプレー』すなわち、「スペースをどう支配するか」という概念は、サッカーにおいては絶対的に必要です。中高生たちがプレーしているのも、1対1のゲームではなく、11対11のサッカーです。育成年代から『ポジショナル』な概念でサッカーに親しみ、その楽しさを感じることができたら、と思っています。また、攻撃時に相手を困らせる立ち位置を取ることを、小さい頃から理解できていれば、今度は守備側がそれにどう対応するのか、という問題が出てきます。これも大事なポイントです。

２０１９年の12月、私はアトレティコ・マドリーのトレーニングを見に行きましたが、それはそれは面白いものでした。トップチームのトレーニングも大変興味深いものでしたが、アカデミーのトレーニングが実に面白く、論理的で理にかなったものであると感じました。アトレティコのアカデミーは、基本的に攻撃時は［４－３－３］、守備時は［４－１－４－１］でオーガナイズし、ウイングが高い位置で幅を取って、スペースを誰がいつ使うのかが非常に整理された、『ポジショナル』な攻撃トレーニングを行っていました。

トレーニングのほとんどがフリーマン付きのオーガナイズになっているので、攻撃側は常に数的優位になります。その中で立ち位置を決めて攻撃する。そのような状況で守備側が無闇にボールを奪いに行くと、外されて、最後の局面も数的不利で守らなければいけない状況になってしまいます。そうならないためには、一度背中で相手を消して、その状況から前へアプローチする。そうしないと、数的不利な状況からはボールを奪いに行けないのです。Ｊリーグの中では川崎フロンターレがこのような守備をしてきます。

7月に高校で行った、守備に重きを置く『3＋4対4』にも通じますが、自分たちがボールを奪う状況を作り出すためには、自らが管理したスペースを制限しながらプレスに行くのが重要になるわけです。

何でもかんでもプレスはかけられない。しかし、ここでボールを奪うとなったら、そこへは全体でしっかりスライドし、人数をかけてボールを取る。背中で消すこと、そこから前へ押し出すこと、横へ全体でスライドすること。基本的に攻撃のトレーニングだったのですが、守備も同時に獲得できるオーガナイズだったので、理にかなっていると感じました。攻守は相対的なものなので、攻撃側がガチャガチャと動き回るだけの1対1ばかりだと、守備もそれに対応する選手が育っていきます。

しかし、攻撃が《良い立ち位置》を取って、数的優位を作りながら攻めてくると、守備側も突っ込むだけではダメで、周りと連動しなければ守れなくなります。ポジショナルな感覚と、対ポジショナルな感覚というものを、若い選手が持ち合わせてプロに入ってくると、『戦術』の話をしたとき、理解が早まる気がしています。

日本の育成現場をすべて見ているわけではないので、無責任に語ることはできませんが、いくつかの試合において、守備はフルプレッシャーで前線からボールを追いかけ回し、ともすれば清々しく見えることがあります。選手も見ている側も、確かに気持ちいいと思います。しかし、サッカーの本質を考えたとき、無闇に何でもかんでも行ってしまうという現象を一度見つめ直す必要があるのではないか、と感じていました。その点がスペインでは、トレーニングの方法論としてしっかりと落とし込まれているのを目の当たりにし、なるほどと唸らされました。

サッカーに答えはありません。好き嫌いや良し悪しも様々です。しかし、それぞれの団体や組織がしっかりとした戦略を持って選手を育てていく、チームを成長させていく、そして世界と渡り合っていく、ということを考えることが非常に大切であると思っています。そのとき、《立ち位置》の重要性に関心を寄せてくれる方が多くいれば、より素晴らしい戦略を立てられるのではないでしょうか。

スーパーな選手は育てようと思ってもなかなか育つものではないと私は思います。とはいえ、いわゆるサッカーＩＱが高いとか、この選手がいたらサッカーの肝は外さないとか、要は11人で組織する中でしっかりとコントロールしてくれる選手というのは育てることが可能で、今後必ず必要になってくると思っています。

ちなみにこれは余談ですが、先程のアトレティコ・マドリーのアカデミーのトレーニングを見たとき、私はトップチームのサッカー、つまりディエゴ・シメオネ監督のサッカーとはまるで違うと感じました。気になったのでその点をアカデミーのダイレクターに尋ねたのですが、「ここからプロになる選手はたくさんいるけど、アトレティコ以外でプロになる選手もいる。彼らが他チームへ行ったときに対応できるよう、今我々はこのようなスタイルにチャレンジしている」と言っていました。

「シメオネイズム」だけでアカデミーを運営したら、選手は外に出たときに困る。そうクラブが判断したのでしょうか。攻撃で自分たちが主導権を握れるようなアカデミーを作るチャレンジを、2019年の夏頃からやり始めているそうです。

マドリードは非常に大きな街です。同じ街にあるレアル・マドリーは世界的なビッグクラブですが、アトレティコも欧州全体でトップ20に入るような大きなクラブ規模を誇ります。マドリードの良い選手たちは当然アトレティコにも集まってきます。そのタレントをどうやって育てるかと考えたら、アトレティコのトップチームだけを見ていていいのかと、そういう意見が内部から起きても不思議ではないと思います。その考え方には選手を預かる者としての責任、さらにはそのプライドのようなものを感じました。これだけ技術的にも優れている選手が集まっているのに、ハードワークをして守備をして、とにかく走れ、走れ、と。いくらトップチームがそういうスタイルだからといって、アカデミーでもそれをやり続けるだけになってしまうのはもったいないではないか？　そういう思いに駆られるのは、アカデミーで直接選手を見ているスタッフにすれば当然かもしれません。

タレントを見極める目も大事です。良いタレントをどれだけ獲れるかは編成に関わるので大変重要ですが、そこに明確な色をつけられるとなお良いと思います。もちろん、極端にやりすぎて、その選手の成長を妨げるようなものであってはいけないと思いますが、ある程度の型、サッカーの概念のようなものを小さい頃から教育されている選手をもっと増やす必要性を感じます。

特に日本がこれから世界に太刀打ちできるようになるためには、サッカーの本質を理解している、そのようなベースがある選手がたくさんいて、そこにそれぞれの個性を乗せ、その武器を発揮する。そんな環境がやはり望ましいでしょう。

私が本書で語ってきたことは、サッカーの基礎であり、本質であり、私の中でのイロハのイ、もしくはイからロくらいまで、でしょうか。サッカーをやる上でのベースだと、私は思っています。ぜひ育成年代から必要な要素として取り入れ、どんどんやり込んでほしいと願っています。

対談

〈フットボールのスペース〉×〈ダンスのスペース〉

「スペースと機能美」

サッカー指導者
渡邉晋
×
ダンスプロデューサー
夏まゆみ

本書ではサッカーのピッチ上における「スペース」の概念を掘り下げてきたが、では他分野では「スペース」と「機能美」についてどう捉えているのか。今回、『モーニング娘。』や『AKB48』の振り付けを手がけるなど、ダンスプロデューサーとして第一線で活躍する夏まゆみ氏との対談が実現。異分野ながら「スペース」をキーワードにした示唆に富む内容となった。

スペースを支配する機能美

渡邉　私は昨年まで監督を務めてきた中で、『立ち位置』というものを大事にしてきました。それは、「スペースをいかに支配するか」と言い換えることができると思います。この言葉や考え方についてまったく違う世界の人と話し合ったらどうなるのだろうか。新しい見方、発見があるのではないかとすごく興味が湧いていました。その中で、たとえばジャニーズといったアイドルたちは踊りながら「スペース」を意識しているんじゃないか？『立ち位置』が決まっているんじゃないか？と考えたときに、夏まゆみ先生へたどり着き、このたびお話をさせていただくことになりました。

今回、私からお聞きしたいテーマは二つです。サッカーではフォーメーションというものがありますが、「スペースとそれに伴う配置」について、夏先生はどのようなお考えがあるのかということが一つ。もう一つは、「機能と美しさ」です。どれだけうまく選手を配置し、スペースを支配しても、それが機能しなければ、要は点を取れなければ意味がありません。一方で、私はしばらく現場を離れて、いろいろなサッカーを俯瞰して見るようになりましたが、やはりスペースを支配するという点において機能しているチームは勝ち負け以外に「美しいな」と思えるのです。「機能美」という言葉もありますが、おそらくパフォーマンスとして舞台やステージに出演されている演者さんも、美しさを観客に提供するとき、そこには必ず全体として機能させなければいけない規律があるのだろうなと、私の勝手な想像があります。

「スペースと配置」、そして「機能と美」。今日はこの二つをテーマについてお話ができればと思っています。

夏　なんだか本当にパフォーマンスやエンターテインメントのことを、しっかりと見てくださっているのがうれしいです。ユニットやグループのダンスは言わばフォーメーションも大事なので、今回の『ポジショナルフットボール』とは、共通点が多いのではないかと思います。

一つだけ違いがあるとしたら、サッカー

の場合は勝利するため、得点するためにに機能があり、エンターテインメントの場合は、それこそ美しさなどを見せるために機能があります。勝つためと、見せるため。スペースや配置を作る目的は、大きな違いだと思います。ただ、先程、渡邊さんはサッカーでも勝ち負け以外に「美しく見える」「機能美がある」というお話をされました。そういうサッカーとの共通点もあるのかと驚いています。私の場合、最終的には視聴者やファンのみなさんに夢や希望、勇気や活力を届けることが目的で、サッカーでもサポーターのみなさんに、それを届けるのが目的だと思います。そういう意味では充分な共通点があるのだなと感じました。

まずはテレビの話になりますが、フォーメーションを作り、計算された振りを作るとき、私の場合は基本的に歌い分けを細かく割ることを考えます。それはなぜかというと、10人以上いる子たちが、テレビに映って顔を覚えてもらうためです。

かつて、もう20年程前になりますが、当時の音楽番組で、それこそ私が「LOVEマシーン」(『モーニング娘。』の代表曲)を振り付けした頃は、ユニットのダンスにディレクターさんが追いついて来られず、歌っている人だけにカメラを向けるスイッチングをしていたんですね。それではダンスや機能美がまったく映らなかったという体験をしました。今なら、引いてダンスショットを撮ってくれることも多くなりましたが、かつての体験を活かして、現在歌い分けを任される楽曲では、端っこや後ろの子も含めて、メンバーのすべてが画面上で機能するように常に考えています。サッカーでいえば〝オフ・ザ・ボール〟の動きにも注目して！といったところでしょうか。

一方、舞台の場合は、どこに目を持って行っても全員が見えるので、端っこや後ろにいる子には、綿密な振りや、絶対に間違えてはいけない動きをつけました。そういう子が途中で手を抜いたり、サボったりしないようにするためです。そうやって全員がしっかり機能するように工夫してきました。テレビにせよ舞台にせよ、センターの子はもちろん、ステージ上にいる一人ひとりが集中を切らさずエネルギーをパフォーマンスに注ぐ必要がありますから。

渡邉　テレビの視聴者に対して限られたスペースで行う場合と、舞台のようなスペースで行う場合は、同じ曲を同じ振り付けで歌うにしても、大きく変わるものですか？

夏　はい。変わりますね。最初に曲を渡されたら、まず、その楽曲に対して振りを付けます。でもコンサートで「こういうセットを組みます」となったとき、そこには階段があったり、花道や外周があったりするので、それに対してフォーメーションを変えます。

また、コンサートではステージが広くなるので、移動の際、息切れすることも想定します。そこでは体力的な余裕も見ながら、絶対に見せたい本来のフォーメーション、歌と楽曲の一番押すところだけは決めておき、ほかは少し、本来の振りから離れて遊ばせたりもします。テレビの場合は、カット割りで、ときにはカメラが後ろ、横、上からと視点が増えることがあるので、その人ごとに一番良く見えるように、その場で変えていきます。音楽番組の収録は、音合わせという音声・マイクなどのリハーサルと、場当たりというそれこそフォーメーションの練習と、カメラ側のリハーサル、本番と、大体4回のチャンスがあります。それを行ううちに、カット割りも明確になっていきますから、それに対して一番良く見えるように振りをアレンジしていく。瞬時にそれに対応できるメンバーもすごいと思いますね。

渡邉　なるほど。サッカーだと必ず相手がいて、自分たちがやろうとすることを相手は阻害してくるわけですが、私たちが考えるスペースというものは、その阻害しようとする相手が作り出したスペースという捉え方なんです。そういう感覚が大事だと私は思っているんですね。

そう考えると、スペースという概念は、エンターテインメントの世界では何になるのかなと思っていました。今お聞きすると、本当はこうやろうとしたのにリハーサルで変えるということは、撮ろうとしている人の感性と、先生の感性が違ったときが、相手に阻害されたような感覚になったりするものですか？

夏　そうかもしれないです。私も「そう撮るのか!?」と思ったりして、だったらこうすればこの子がより良く見えるかな？　踊りがしっかり映り込んでくれるかな？　と考えて変えていきますから。

圧倒的な個とチームの規律

夏　スペースの支配というと、エンターテインメントの世界ではあまり使われない言葉ですが、こちらで言えば、各ポジションに立たせたときに一人ひとりが出すオーラが、すごく大きな影響力を持っています。コンサートになると本当に大舞台で、武道館ならお客さんも1万人以上入ります。そこにたった10人で何かを見せるとなると、単に歌って踊るだけだと、スペースが埋まらなく見えるというか、スカスカに見えます。もちろん歌も踊りも大事ですが、私が言葉で伝えてきたのは「目からビーム、手からパワー、毛穴からオーラ」。これを常に言ってきました。一番難しいのが毛穴からオーラですよね?!（笑）。「全身から輝きを放て」という意味ですけど、歌っている人だけが出すのではなく、最終的には一人ひとりが出すオーラがあってこそ、武道館や東京ドームのような場所に存在できると。

カッコいいステージを作ってスペースを埋めても、一人ひとりが本当に力を発揮しないと美しく見えない。イコール、機能していないということ。それは、きっとサッカーと同じだと思います。

渡邉　オーラを出す個人と、全体のつながりは考えたりしますか？

夏　はい。私は見ている人に驚きを持たせるというか、いい意味で期待を裏切るというか、常に両方を操りたい。マッチングのミスマッチとか、期待通りと期待を裏切るサプライズとか。そうやって歌い分けを変えると、端や後ろからフォーメーションチェンジのときに、歌う子が目立つところに出てくるようになります。この小節で、この位置からここまで移動するためには、その前にここにいなければならない、という引き算ですね。ここで見せたいから、そのためにはと、巻き戻しする感覚で決めていきます。

渡邉　わかります。「逆算」ですね。サッカーも最終的な目標は相手のゴールにボールを入れることですが、そこへはすぐに到達できません。相手がたくさんいますから。だとしたら、相手がゴールを守ることを踏まえ、手前の選手からやっつけていこうという逆算で攻撃が始まり、それに基づいた立ち位置や配置が決まってきます。すべてはゴールからの逆算だと思います。

コンサートでも、一曲が歌い終わったときのフォーメーションというものがあると思いますが、最終的なゴールというのは、どこにありますか？　たとえば一曲の中での見せ場というか、クライマックスというか、山場というか、曲ごとに、あるいは全体の流れの中で存在するのだとしたら、その山に向けた逆算もあるのかなと。

夏　渡邉さん、もうエンタメ業界でも生きていけるというか、プロデューサーをしてみたらどうでしょう（笑）。本当にその通りです。一曲を番組で流すのは3

分くらいですが、その中で起承転結を考え、一番わかりやすいのはサビといわれる一番盛り上がるところです。そこでエネルギーを爆発させる感じで、一番伝えたい部分の見せ場を最大限に作るために、その前の段階で地味な作業をやっていますね。サビがクライマックスで、イントロといわれる最初の立ちポーズでは何が始まる？　という期待感を、最後のポーズでは達成感や感動を贈り届けられるようにこだわりをいっぱい入れます。サビについては楽曲的に必ず盛り上がる部分なので、私のほうでは細かい作業、そこへ向けての逆算の部分に力を注いでいます。

渡邉　機能や美しさは、その細かいところが機能しているから、美しく見えるわけですよね。おろそかにできない。

夏　そこを押さえてくれるディレクターさんに出会うと、握手したくなりますね。

渡邉　サッカーでもゴールした瞬間、得点をあげた選手はスポットライトを浴びます。ましてやその試合が1対0で終われば、彼はスターです。その可能性が一番高いのがＦＷですが、センターで歌っている人も、それに当てはまるのかなと感じました。でも、その点を取るために周りが機能しているから、最終的に点を取る選手にボールが渡り、得点することができる。そういうことをジャーナリストの人たちが見て伝えてくれると、私も、ああ、わかってるねとうれしくなります。

　この書籍の話をいただいたときも、とてもうれしかったんですね。仙台でやっていたサッカーは戦術的に11人がうまく機能することで成立するのですが、それを見て「何か面白いことをやっている」と。そこに気づいてもらえたか！　とわかって。おそらくそれがわからない人だったら、誰々が点を取った、すごいね、というだけで終わってしまう。もちろん、その決勝ゴールをあげた選手もヒーローとして扱われるべきだと思いますが、実はそうではない周りの10人の役割があったから、というところにもスポットライトが当たると、サッカーというスポーツの価値や、見方が変わり、その価値というものも高まるのではないかと感じます。

正直、私もエンターテインメントを見たときは、センターの人にしか目がいかないかもしれません。ただ、こういうお話をさせてもらって、周りでわちゃわちゃしている立ち位置や振り付けが、ここを引き立たせているんだと。そういう見方をすると、スペースや空間がもっと広く見えてきて、なるほど、全体でこうやって配置されているのか、という見方につながったら面白いなと感じました。

アドリブはOK？

渡邉　サッカー界では最近、「再現性」という言葉が出てきて、チームプレーに再現性を持たせることが重視されています。ダンスや振り付けの世界から見ると、そのような考え方はいかがですか？

夏　基本的にダンスは邪魔する相手がい

ないので、サッカーよりは再現性が高いと思います。ただ、ライブなので、やはり同じことは一度もありません。人間なので、いつも同じパフォーマンスを、いつも全力でとは言いますが、調子もあるし、見てくださるファンの方の反応で、ちょっと変わったりもします。サッカーで言えば、サポーターの応援が大きいと、「よっしゃ頑張ろう」となる感覚と近いのかもしれません。ただ、コンサートなどは2時間近い時間を20～30曲を歌い踊りますのでペース配分も大切です。「冷静に、丁寧に、正確に」という言葉も常々伝えています。

渡邉　アドリブは先生の中ではどれくらい許容していますか？

夏　基本的にはアドリブも、リハーサル中にやらせます。

渡邉　リハーサル中に？

夏　許容するアドリブは全部リハーサルで見させてもらったものですが、もしも本番でまったく違うことをやったときは、それこそ私はサッカーで言うところの、パスだと思います。勝手にアドリブをしちゃったとき、周りがパスを受ける側で、今のパスがどうなのかと。自分一人ではないので。

渡邉　それが「今のパスちょっと困るよ」というふうになってしまったら、やっぱりNGですよね。逆に何かポッとやったアドリブが、周りの思う「今のナイスパス！」と機能することはありますか？

夏　あります、あります。

渡邉　それはOKですか？

夏　うん。ＯＫ（笑）

渡邉　そうなんですね。そこが難しいなと、私はいつも思っていて。再現性と相反する部分にも思えますし、でも、ボールを持っている人のアイデアや発想を尊重したい気持ちも当然あります。ただ、「結果オーライ」があまりにも積み重なってしまうと、規律も何もなくなってしまいますから、難しいなと感じています。突拍子もないアイデアに、ちゃんと反応できる仲間がいれば、それはそれで成立するのですが……。

夏　監督もきっと同じだと思いますが、ステージに出たら私はもう何もできません。振りを付けて、練習を積み重ねたらあとは本人たちに任せる。客席で見ていて、あまりにもひどいときは始まりの3曲で大体わかるので、楽屋にダッシュして喝を入れたりもしますが、基本的には送り出した後は何も言えません。そういう意味では、本人たちの信頼関係を作り上げてきた中で行われるパスは、ナイスパスだったら、もうＯＫだなと。

渡邉　たとえばオーラがすごくあって、一芸に秀でた力を持った人が入ってきたとき、その一個人に力がありすぎて、全体の中に入ると逆に機能しないとか、そういうことは先生の経験でありましたか？

夏　もう、本当に目に浮かびます（笑）。そういうときは力があることは認めます。それに関しては本当に指導論という気がします。私の指導の鉄則は、一対人数じゃなくて、一対一が人数分という考え方です。だから、明確に一人ひとりに言うことを変えていきます。それを全体でまとめていく作業ですけど、たとえば力のある子が入ってきたら、それこそ、私とサッカー監督が同じ立場だとしたら、私の上には、プロデューサーがいます。サッカーの監督で言えば、GMとかですよね。

渡邉　そうですね。あるいは強化部長などだと思います。

夏　それはこちらから少しは意見もできるけど、従わなければいけないところです。そうすると、力のある子を入れて、「この子をなるべく使ってね」と指示があったとき、周りとしては急に入ってきたけど、やっぱり力は認めざるを得ない。でも急に入って来たのに、そのポジション？　ということはあります。それは一人ひとりに綿密に声をかけていきますね。決して、一人ひとりに適当なことを言って機嫌をとるのではなく、本人さえも気づいていない魅力や能力に気づかせて、その能力を最大限に発揮させるような言葉がけを一人ひとりに全員の前でして、納得させていきます。これもやはり指導論になりますね。

渡邉　それで結果が出てしまえば、たとえばその曲が売れたとか、ものすごくグループの認知度が高まった、人気が上がったとなれば、ＯＫというか、次のステップを踏めますよね。それはもう、賭けみたいなところもあるかもしれないですけど、結果的にそのグループの価値が高まれば戦術通りというか。

夏　メンバーも納得するだろうし。

渡邉　そうですね。周りも納得しますね。そういうことはサッカーでも起こり得ますね。

サッカーにもダンスにも新たな視点を

夏　でも、すごいなと思うのは、エンターテインメントとサッカーをつなげて、こんなにも共通点があるのかと、それは自分でもうれしくて。ゴールを決めて勝つ、という違いはありますが、最初に渡邉さんがお話しされたように、サッカーでも機能することが美しいという感覚には気づきませんでしたから。さすがだなと思いました。

渡邉　ただ、美しさの定義は、人それぞれ違いますよね。同じ絵を見て美しいと思う人もいれば、そうではない人もいるので、私の美的感覚でしかないとは思っています。おそらくサッカーをやっている人も、「そんなこと関係ない」と、興味を持たない人が大半でしょう。そうではないようにしたいのですが……。

「これは理にかなってるよね」という機能性と、美しさは、絶対にマッチするものだと私は思っています。それを美的感覚として、共通のイメージを持てる人が増えてくるといいなと。結局、今のサッカー界は、勝った、負けただけで、良かったね、悪かったねと判断されている気がします。もちろん、勝つためにやるのは大前提ですけど、どれだけ強いチームでも100試合やって100試合勝てることはないので、負けたときでも「今日俺たちのチーム、やっぱり美しかったな」と。そう認識できることが自分たちの誇りであり、サポーターからすると、その誇りを胸にチームを支えたりするわけです。そういうチームの機能美を、自分たちの誇り、楽しいこととして持つ感覚が生まれてくると、サッカーというスポーツの見方が変わったり、価値が高まったりするし、そういうものにつながってほしいなと思って。だから、そもそもの美しさとか、見せ方という点で、サッカーとエンターテインメントの世界で何かの共通項を、私の中では半ば強引に結びつけて、そうだったらいいなと思っていたんです。

夏　その共通項は、確信を持っていただいていいのではないでしょうか。

渡邉　いいですか。

夏　こんな言い方をすると失礼かもしれませんが、20年以上前から、ダンスとダンスに携わる人間の地位をどうにかしなければと思い、もちろん私だけの力ではありませんが、ダンス界や振り付け界が動いてきたおかげで、ダンスが学校の選択必修科目になりました。そしてダンス人口が増えたおかげで、ダンスに取り組む人、ダンスを見る人は増えてきました。でも20年前は、全然そうではなく、ダンスは後ろで踊るもの、ダンサーは動く大道具のような使われ方しかありませんでした。

私や渡邉さんのような、このサッカー

界やダンス界を、一つの観点からじゃなくて、もっと違う見方、もっと違う楽しみ方があることを知ったとき、そこには大きな発展の可能性があるのではないかと思います。見る目を持った人、こちら側がお客さんを選んでしまうのはいけないことですが、見る目を持った方を増やすことで、実際に日本におけるダンスの技術や存在は、大きくなっていくと思います。今、渡邉さんがお話しされている機能美というのは絶対に、本当に伝え続けてほしいですね。そこは違う業界で共通点を多く見つけることができて、やることは違うかもしれないけど、そこへ向かって同じ力で進んで行くと、サッカー界だけ、ダンス界だけで頑張るより、少し早まるかもしれません。いろいろな人に伝えるためには、いろいろな方向から投げかけていかないとダメかなと。

なんかお話しをしていたら、きっと一晩を語り明かせられるくらいの共通点がたくさんあると思います。スペース論だけでなく、きっと指導論も。

渡邉　いや、実は事前にこちらでも、最初に私が先生に投げた二つのテーマがサッと終わってしまったら、マネジメント論のところも聞きたいよねと話していました。スペースと機能美の話で、こんなに先生がいろいろなことを返してくれるとは思わなかったので。

夏　まだまだ話し足りないですね。

渡邉　やっぱりマネジメント論とか、先程、先生がお話しされていた、結局人がやることだから、人と人との関係だよね、というところも話し尽くせないと思うんです。私も何が正解かはまだわからないし、今でもそういうことは本を読んだり、誰かと話したりして、いろいろなことを吸収したいと思っています。ぜひ、またその機会を。

夏　ありがとうございます。ぜひお願いします！

夏まゆみ（なつ・まゆみ）

ダンスプロデューサー。1962年、神奈川県生まれ。コリオグラファー（振付師）の第一人者として、これまで吉本印天然素材、ジャニーズ、宝塚歌劇団、マッスルミュージカルなど、手がけたアーティストは300組以上。創出した振り付け数は1000曲、ダンス指導は延べ200万人以上。モーニング娘。、AKB48には立ち上げ前からプロジェクトに参加、国民的アイドルへと導き、歌って踊る”アイドルユニット”の先駆けとなり今なお頂点を支えている。1980年に渡英以降、南米、北米、欧州、アジア、ミクロネシア諸国を訪れ様々なジャンルのダンスを学び、1993年、ニューヨーク「アポロシアター」に日本人初ソロダンサーとして出演、絶賛を浴びる。1998年冬季長野オリンピック公式ソングの振り付けを考案、指揮。ＮＨＫ紅白歌合戦では20年以上に渡りステージングを歴任。近著に『教え子が成長するリーダーは何をしているのか』(サンマーク出版)など。オーディションによるメンバー選出・プロへと育成指導・演出・振り付け・ステージデザインのほか、教育分野、スポーツ分野へのアドバイザー就任など、業界を問わず活動の幅を広げている。人間力向上の指導者・人材育成者として講演依頼も多数。

おわりに

　本書を出版するにあたり、私はベガルタ仙台での監督生活で何かを成し遂げることはできたのだろうか、と自問しました。目立った成績といえば天皇杯準優勝くらいでしょうか。ルヴァンカップでのベスト4もクラブとしては初めてでしたが、リーグ戦においては一ケタ順位にすら入ることができず、良い結果を残したとは到底言えませんでした。それでも、このような機会をいただくことができたのは、新しいものに挑戦し、その成長の証しを多少なりとも披露することができたからだと思っています。

　そしてそれらは、表現者である素晴らしい選手たちの存在なくして語ることはできません。試行錯誤しながら、ともに挑戦し戦ってくれたすべての選手たちに感謝しています。また、何もないところからともに築き上げてくれたコーチ陣。みんなとの闊達な議論のお陰で、まさに真っ白なキャンバスに「何を何色でどう描こうか」という状態から、それなりの「形」にたどり着くことができました。さらには、日々の小さな仕事から選手のケアまで、一日中チームのために尽くしてくれたチームスタッフ。みんなのお陰でタフなシーズンを戦い抜くことができました。こうした現場のコーチングスタッフ、チームスタッフの協力なくして、この挑戦は成し得ませんでした。本当にありがとうございました。そして、現役時代から19年間支え続けてくださった社長はじめフロントスタッフ、強化部スタッフのみなさん、心から感謝しております。そして、そして、熱い熱いベガルタ仙台サポーター。一言では足りませんが、あえて一言だけ、言わせてください。あなたたちの力は偉大でした。本当に、本当に、本当にありがとう。

サッカーは日々進化し続けています。この本が書店に並ぶ頃には、もうすでに私の中には新しいアイデアが生まれているかもしれません。それでも、本書がみなさまにとってサッカーの本質を捉えるヒントになれば幸いです。

最後になりますが、対談を引き受けてくださった夏まゆみ先生、本書を出版するにあたり尽力してくださった、『フットボール批評』の石沢鉄平編集長、編集の鈴木康浩さん、ライターの清水英斗さんに心から感謝申し上げます。

2020年10月　渡邉晋

論理的プレーを
生み出す
トレーニングメニュー集

3対2

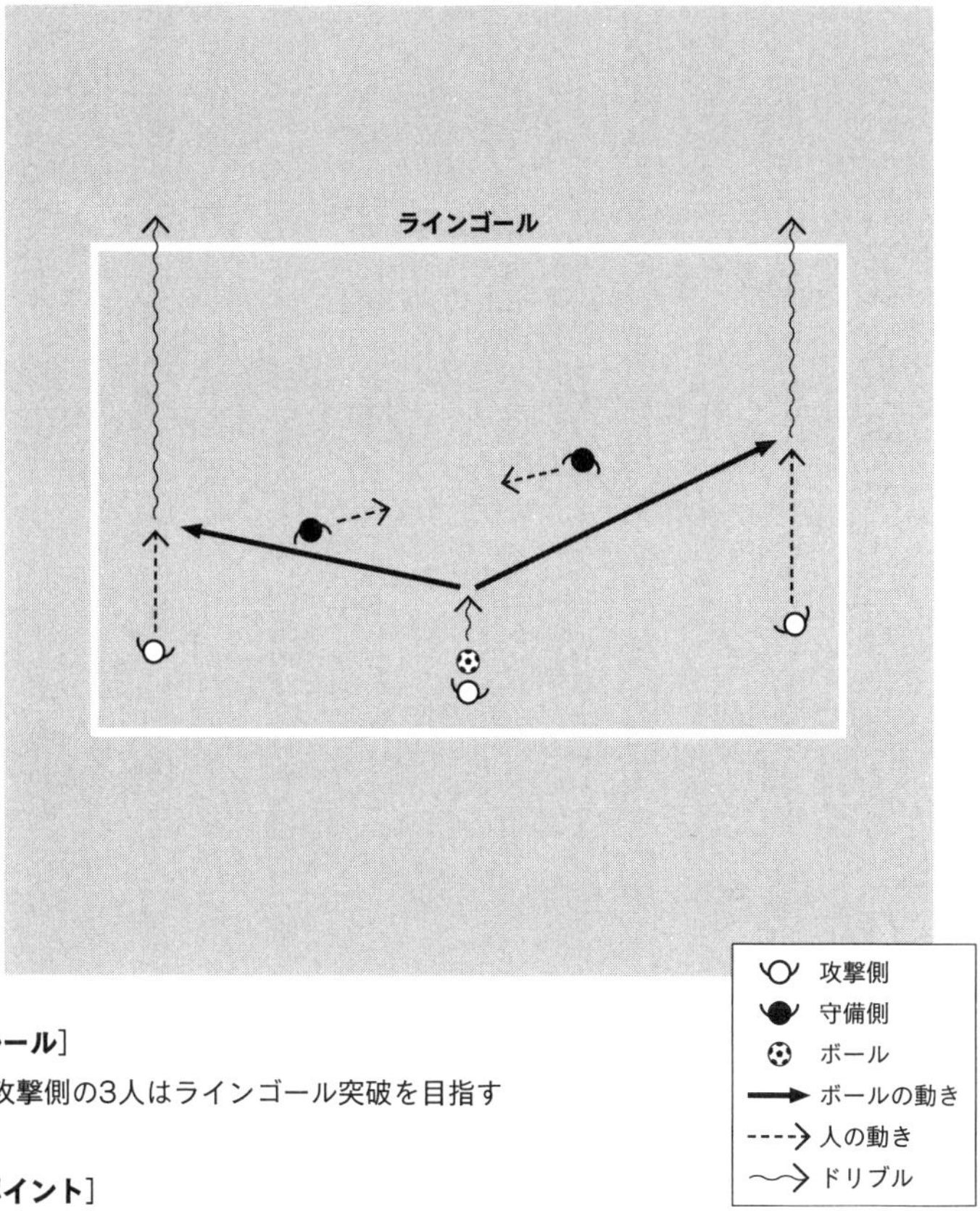

[ルール]

- 攻撃側の3人はラインゴール突破を目指す

[ポイント]

- 中央の選手が左右の味方にどのタイミングで『切る』パスを出して味方を前進させられるか。相手DFに「中」を意識させるボールの持ち方も重要になる
- 両サイドは幅をしっかり取って相手2人を攻略する
- 守備側は前進させずにいかに2対2の状況に持ち込めるか

4対3

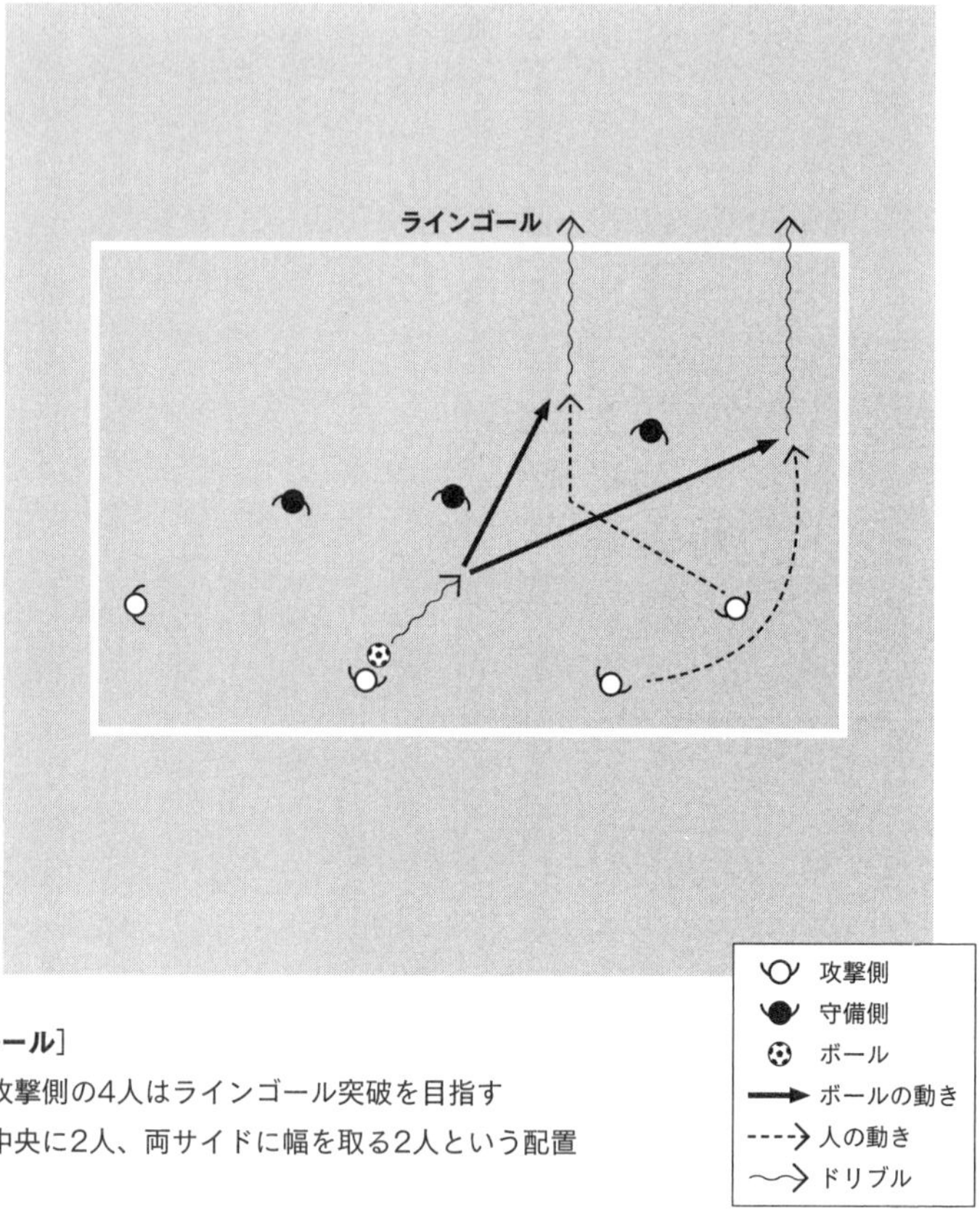

[**ルール**]

- 攻撃側の4人はラインゴール突破を目指す
- 中央に2人、両サイドに幅を取る2人という配置

[**ポイント**]

- 中央の選手が外側を回ったときは幅を取っている選手が内側のレーンを使う。同じレーンを使うことなく相手を困らせること
- 幅を確保することでサイドと中央の選手のローテーションが可能になる
- 中央でボールを持つ選手は右にも左にもパスが出せて、かつ中央にもドリブルで突けるというボールの持ち方を意識する

ウオームアップ

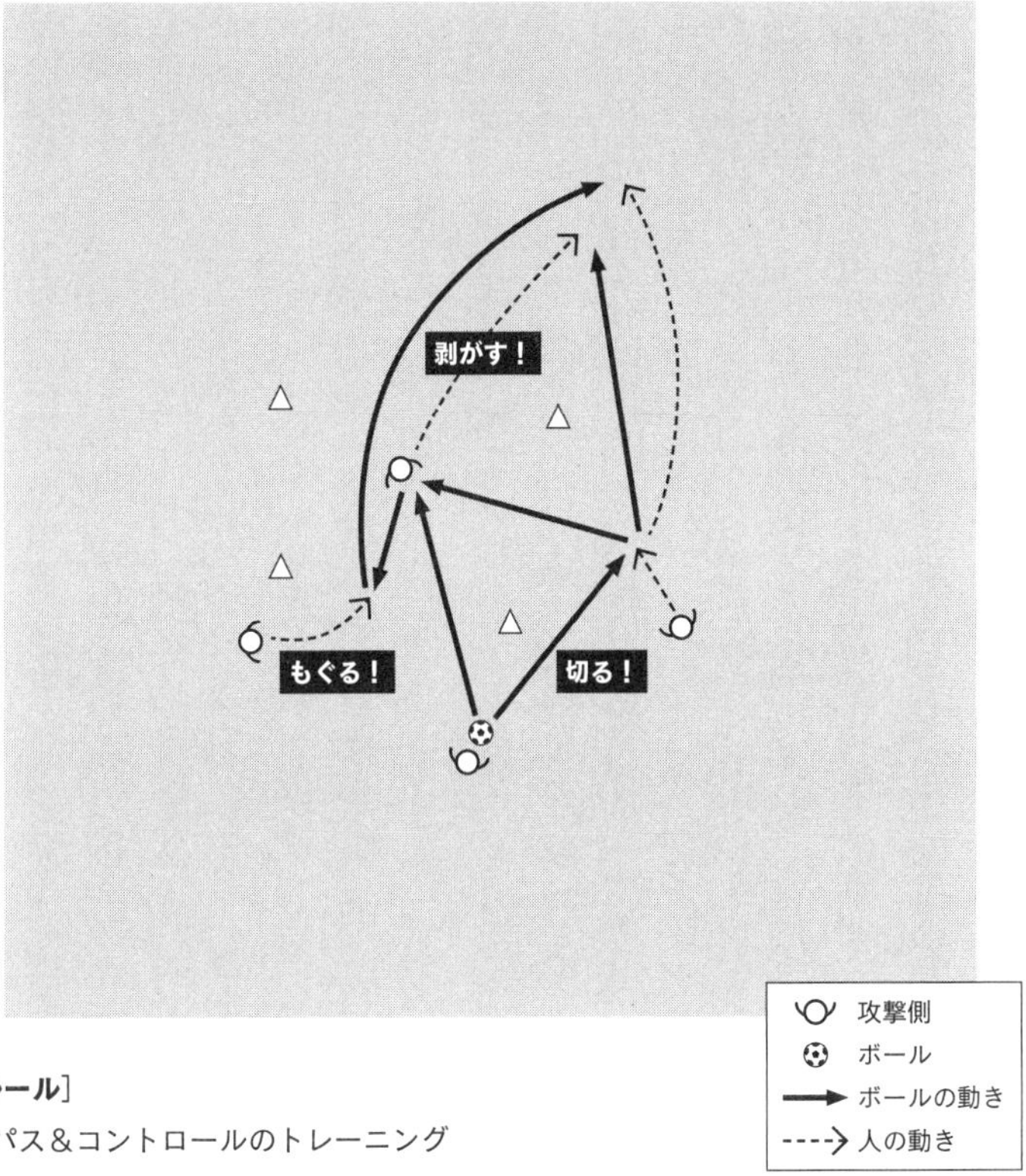

［ルール］

● パス＆コントロールのトレーニング

［ポイント］

● 『箱』を意識した4人がその中で適切な立ち位置を取った上で『切る』『剥がす』『もぐる』というアクションを意識する

フォーメーション〜シュート

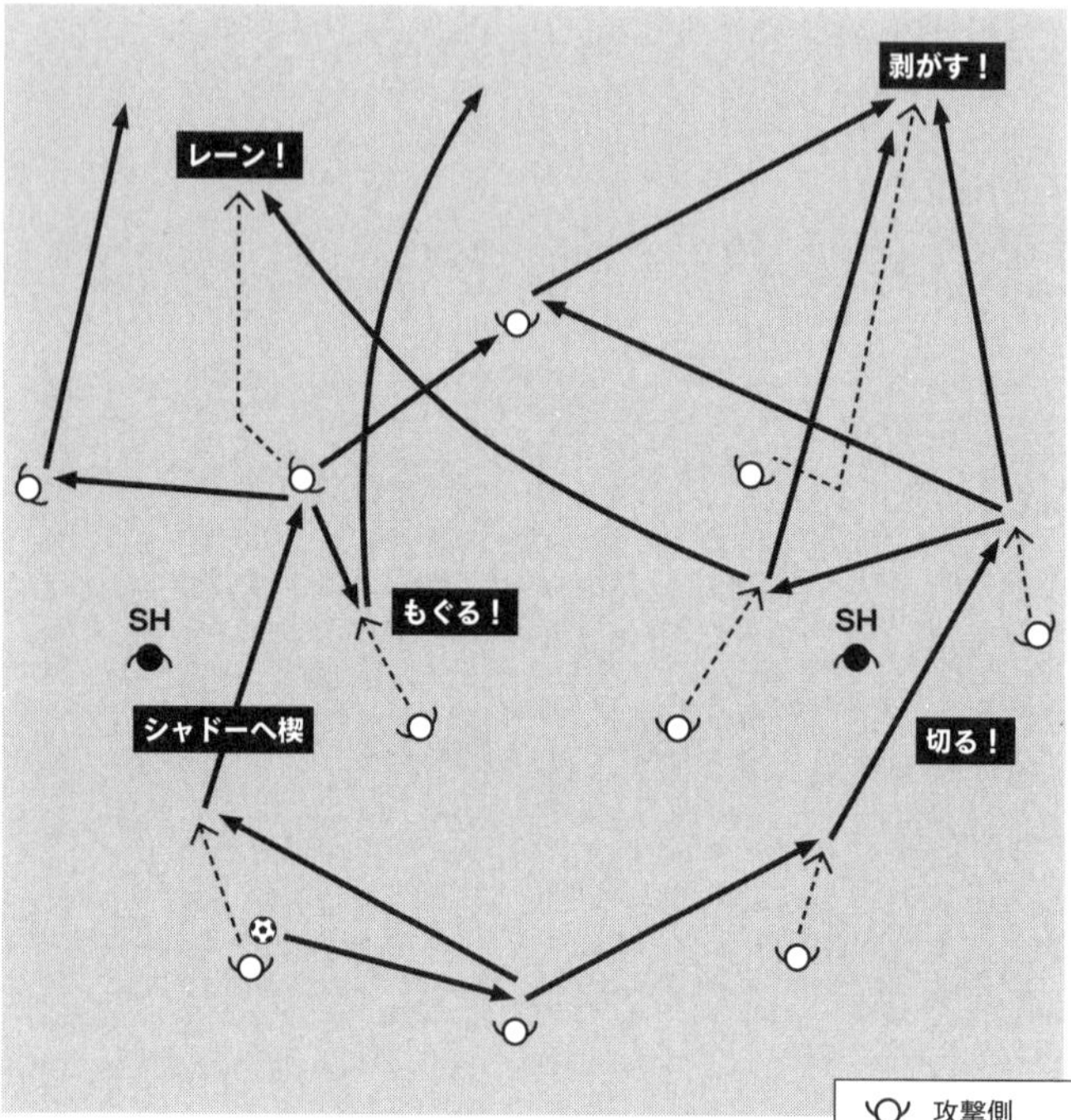

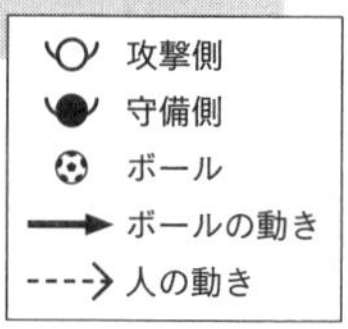

[**ルール**]

- フィールドプレーヤー10人がそれぞれの立ち位置を取ってパスを繋いでシュートまでいく

[**ポイント**]

- 相手最終ラインの背後を破り、ゴールへ向かうことが目的。その上で『切る』『剥がす』『もぐる』『レーン』といったアクションを意識する
- DFが入ったときはDFに塞がれていないコースを判断しながら前進すること

コンビネーション＆クロス〜シュート

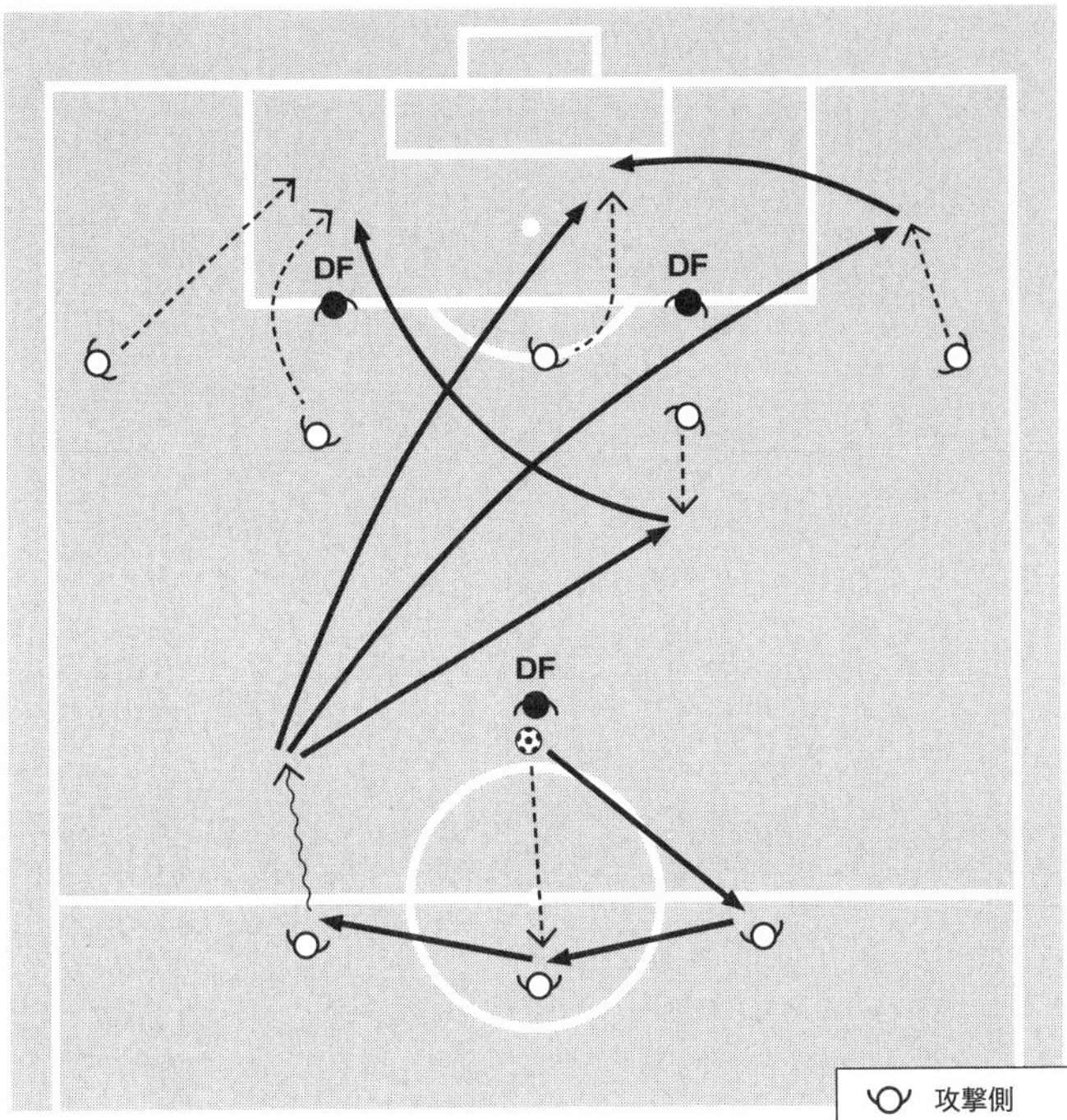

[**ルール**]

● CBからの楔をスイッチにコンビネーションからシュートまでもっていく

[**ポイント**]

● シャドーが下りるアクションに対して、相手DFがついてくればそのスペースへ1トップがプルアウェイ、もしくは大外のWBへ配球しクロスからシュートへ持ち込む。下りたシャドーへ相手DFがついてこなければそこへ楔を入れ、逆シャドーとのコンビネーションを狙う。あくまでも、相手DFがどのように対応するかを見た上でプレーを決断すること

1＋5対5＋GK

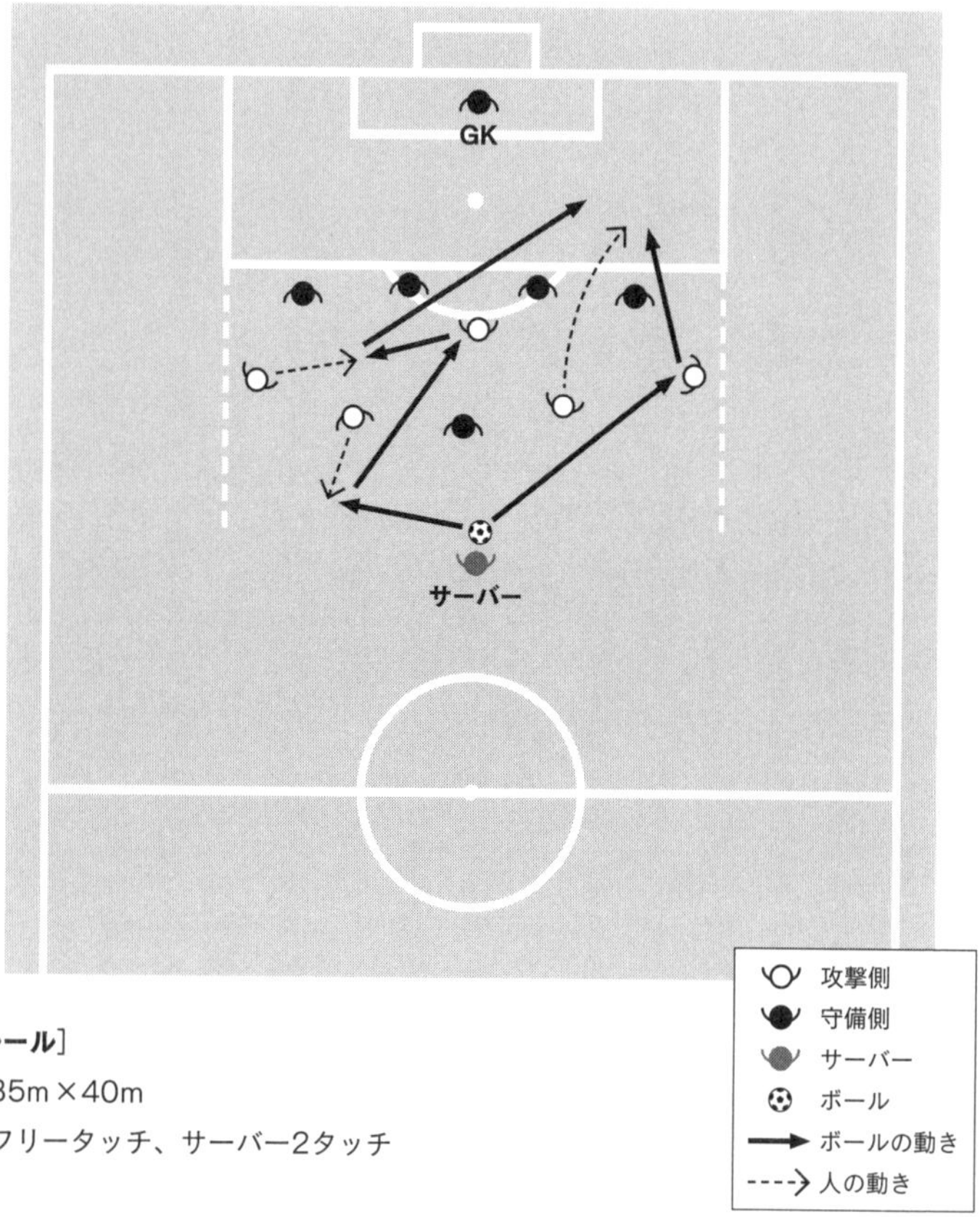

［ルール］

- 35m×40m
- フリータッチ、サーバー2タッチ

［ポイント］

- 攻撃側は幅とハーフスペースを意識する
- シャドーが外に落ちるときはWBが中へ入っていく。WBが幅を取って受けたときはシャドーが剥がす
- 重ならない立ち位置を取り、「いつ」「どこで」スピードアップするのかということを意識する

6対5＋1ターゲット

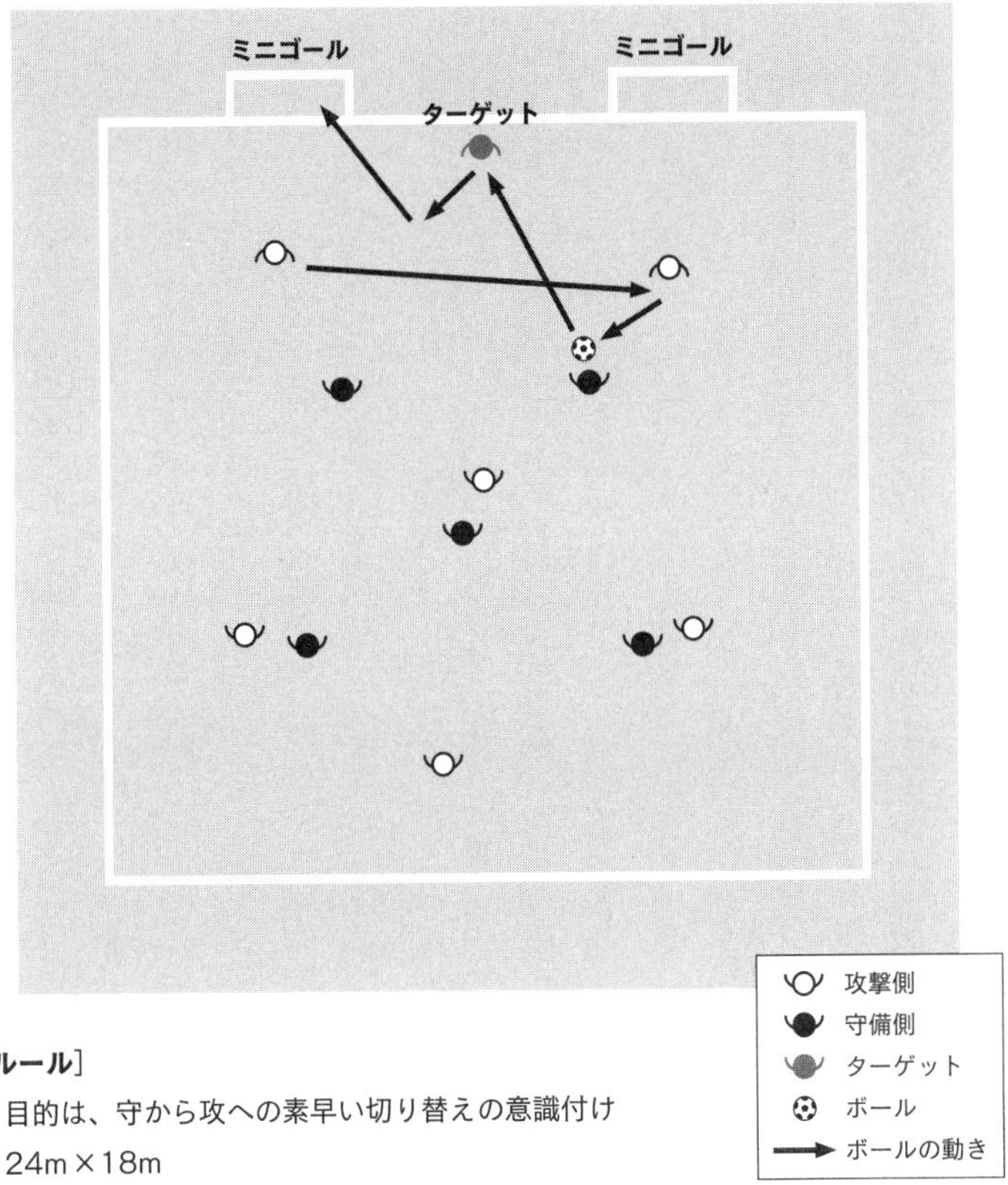

[**ルール**]

- 目的は、守から攻への素早い切り替えの意識付け
- 24m×18m
- 守備側の5人はボールを奪ったらターゲットにボールを当ててリターンを受け、ミニゴールへ入れる

[**ポイント**]

- ボールを奪った後、ターゲットにパスしミニゴールへ入れるためには、どのような向きとどのような場所でボールを奪ったらいいかを考えさせる
- 攻撃側はボールを失った瞬間に素早く取り返しに行く

5対5＋2GK

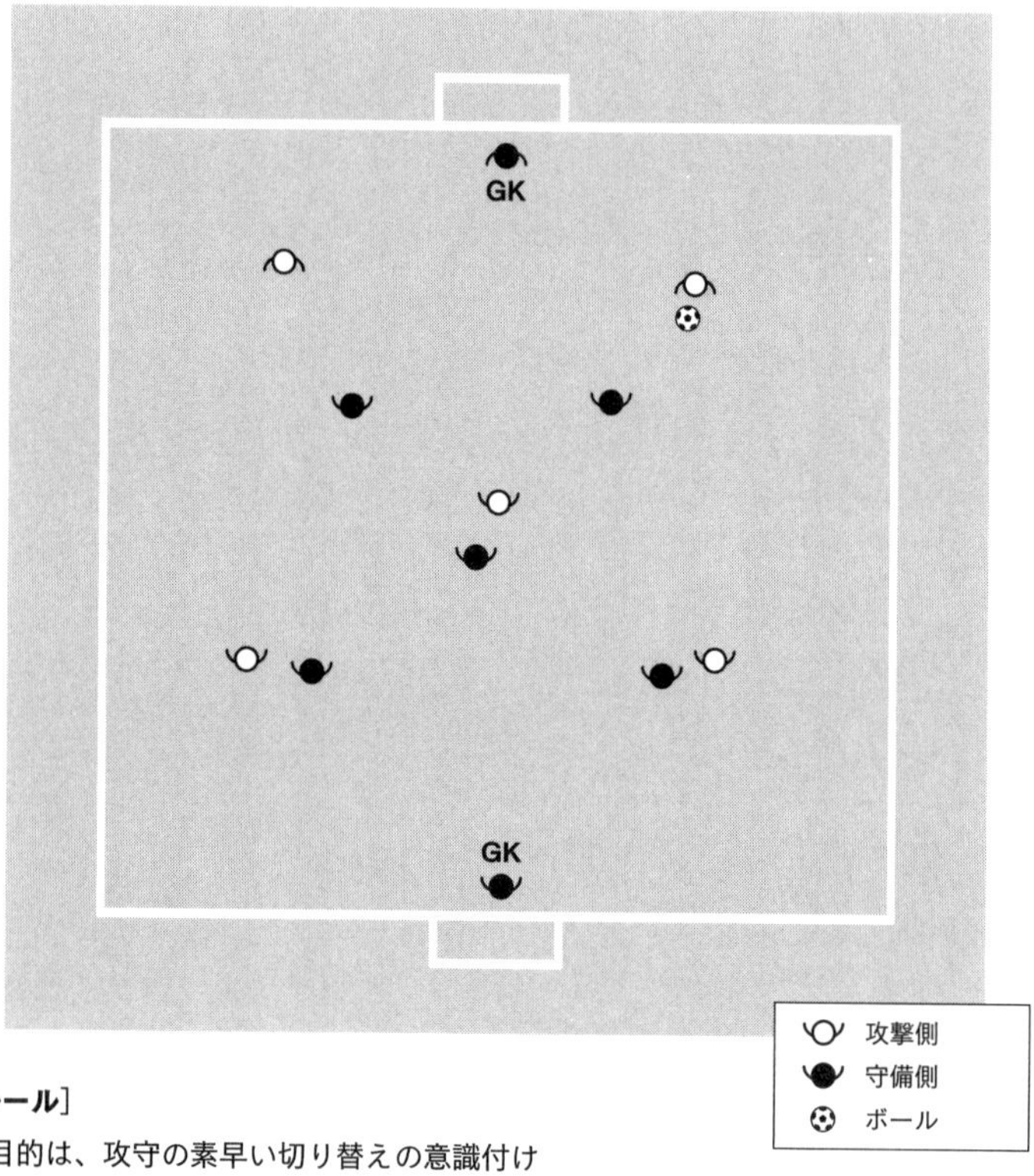

［ルール］

●目的は、攻守の素早い切り替えの意識付け
●30m×20m
●攻撃側はアンダー3タッチ、パス10本で1点
●守備側はフリータッチ、ボールを奪ってゴールへ入れる
●守備側は奪ったときにどちらのゴールを目指してもいい

［ポイント］

●攻撃側はボールを失った瞬間、素早く集結しゴールへ向かわせないこと
●守備側はどちらのゴールへ向かうことができるかを判断する
●ポゼッション時、GKは常に遠くの味方を意識しておく

6対2(ウオーミングアップ)

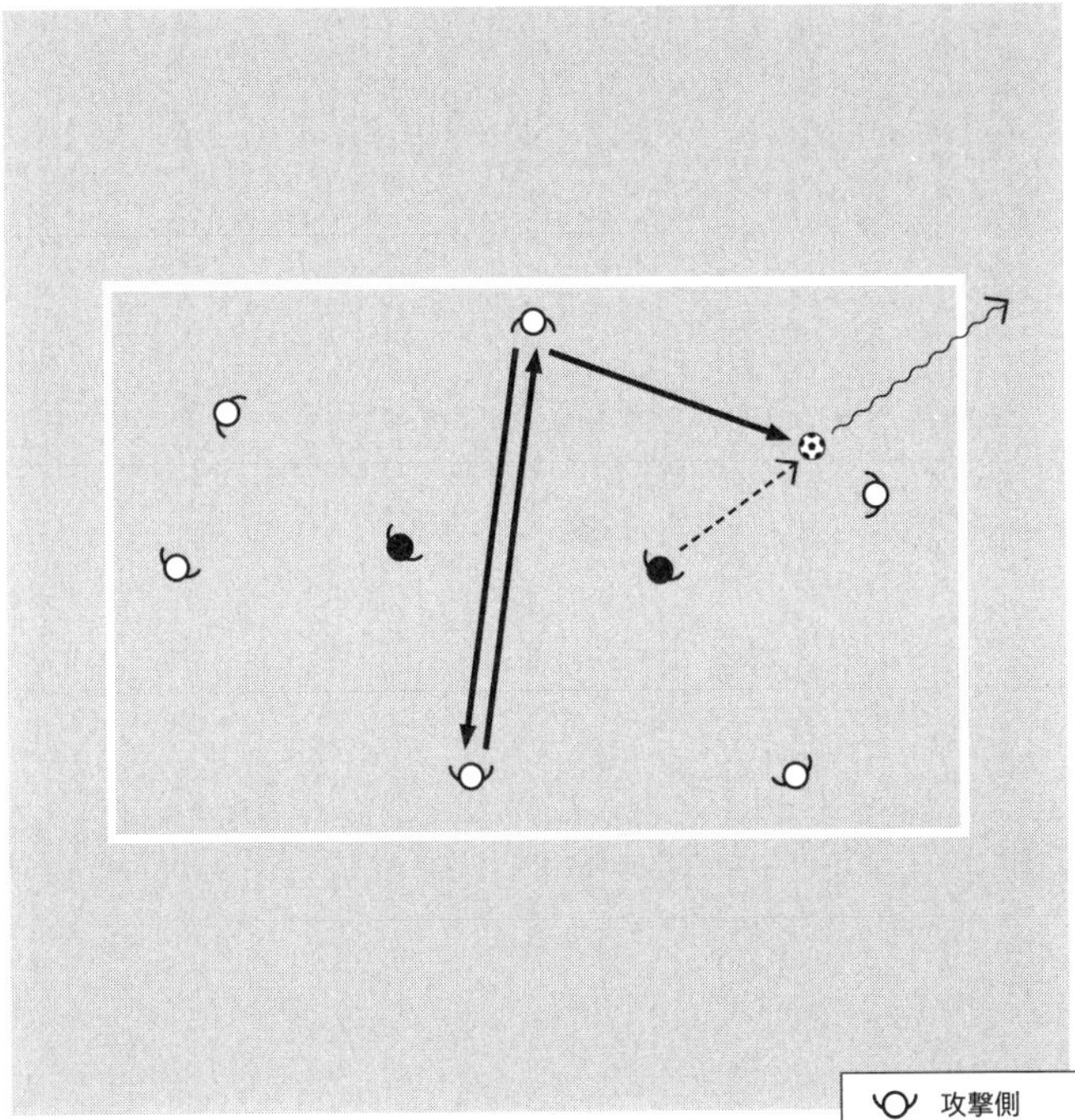

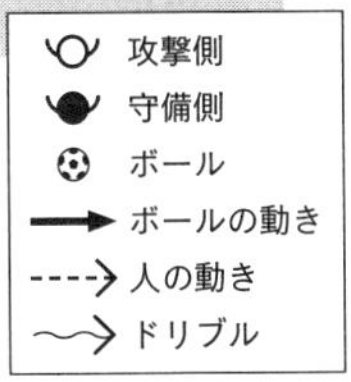

[ルール]

- 目的は守備への切り替えの意識付け
- 攻撃側はパス30本or股抜きor門へのパスを2本続けて通したら1点
- 守備側の選手はボールを奪ったらグリッドの外へドリブル突破する。間を突破された2人が交代して守備へ回る

[ポイント]

守備側はボールを失った瞬間にボールと人へアプローチに行き、グリッドの外へドリブル突破させずに奪い返す

6対3

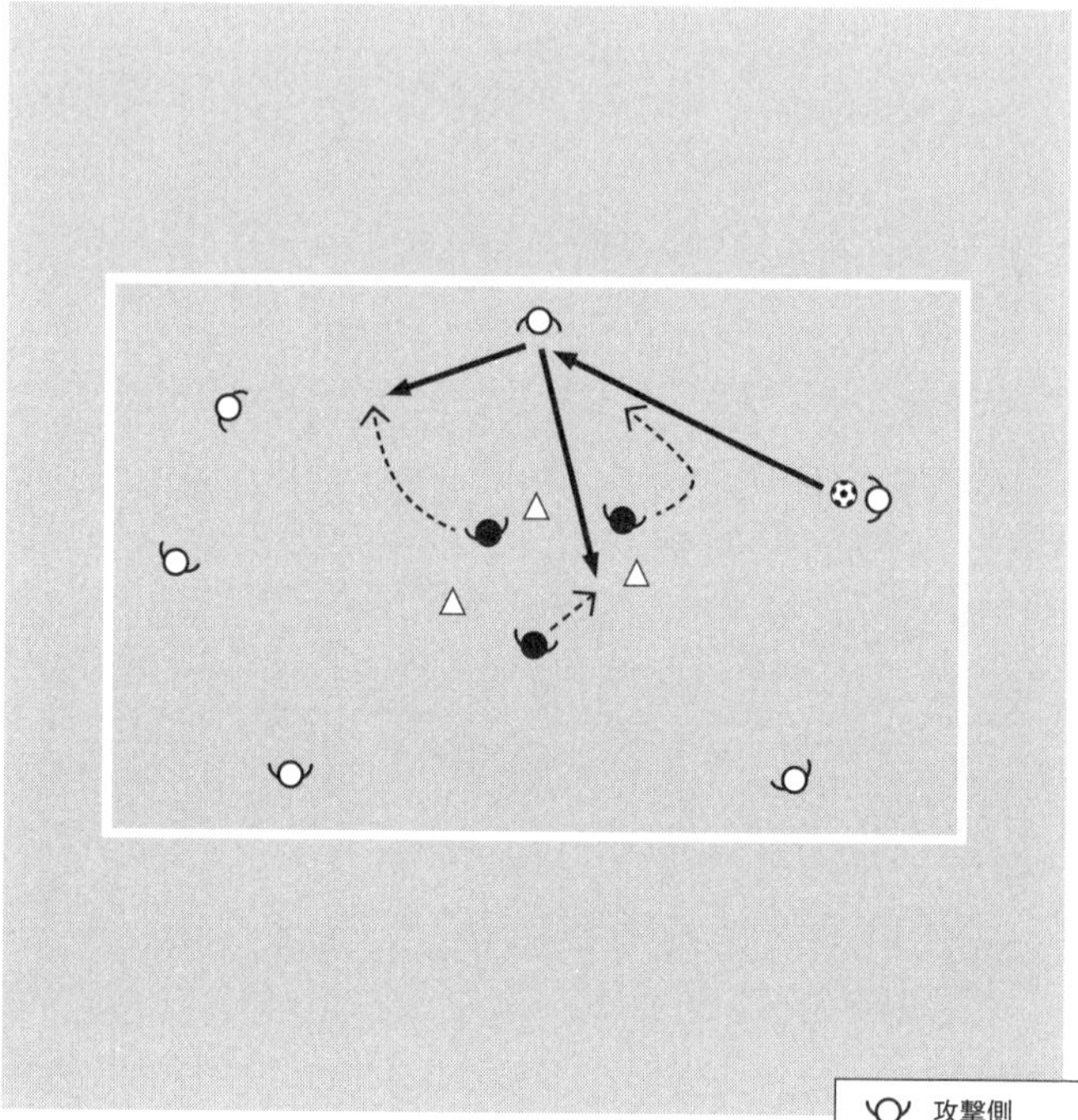

[**ルール**]

- 攻撃側は2タッチ、常に中央のポール間へのパスを意識する
- 守備側はポール間にパスを通させない。まずそのポジションを取ったところからボールを奪いに行く

[**ポイント**]

守備側は中を閉じながら数的同数（2対2＋1枚カバーリング）の状態に持っていきボールを奪う。いつ、どのタイミングで数的同数に持っていけるかを共有する

3対3＋2レシーバー

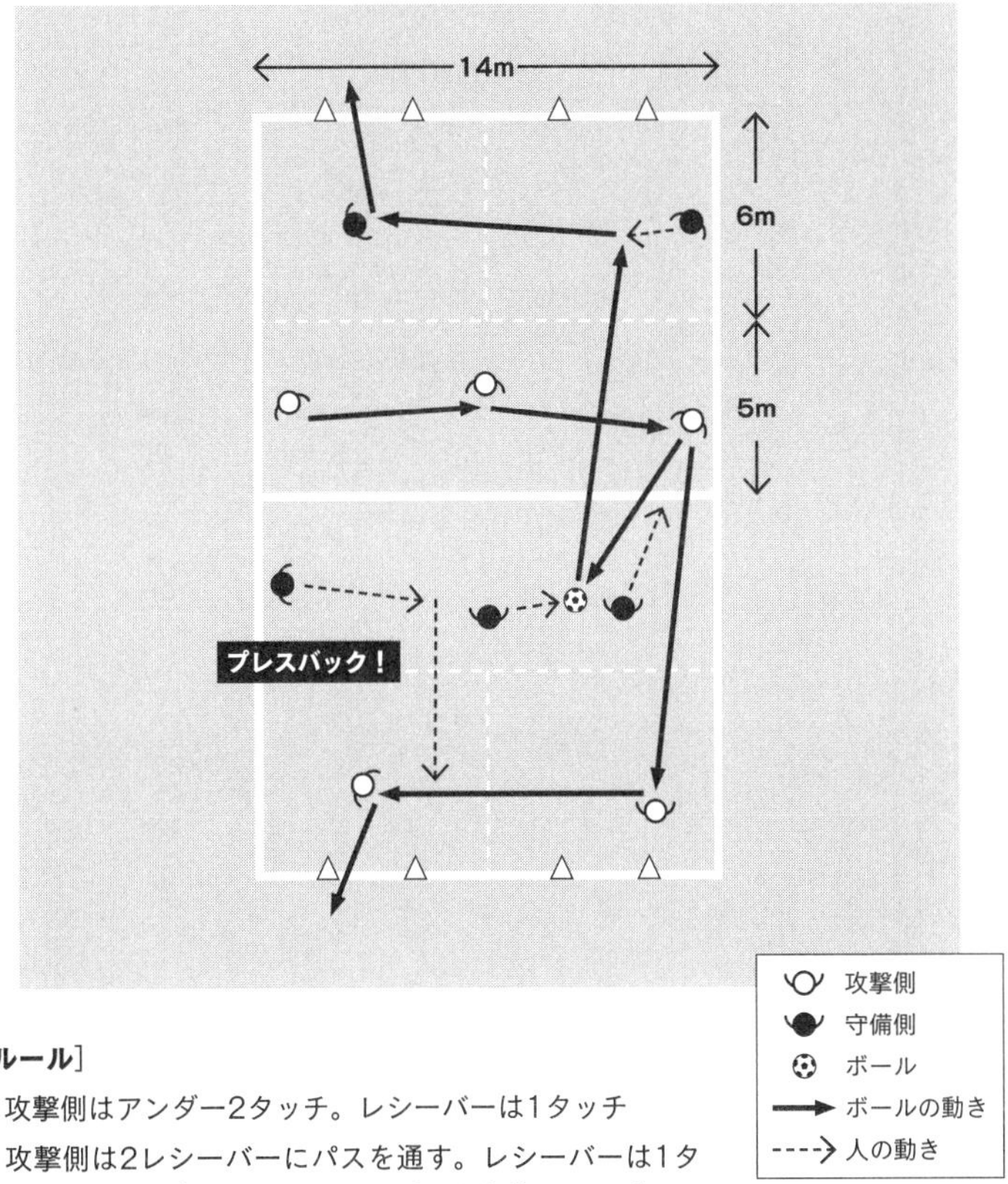

[ルール]

- 攻撃側はアンダー2タッチ。レシーバーは1タッチ
- 攻撃側は2レシーバーにパスを通す。レシーバーは1タッチでもう一人のレシーバーへパスした後、ミニゴールへ入れる
- パス10本以内にレシーバーへ出す。浮き球はなし
- 守備側は奪った後パス2本以内にレシーバーへ

[ポイント]

守備側の3人は楔を通させない。その場合外側から縦に通される可能性はあるが、背後にいるレシーバーに渡った瞬間に切り替えて、もう一方のレシーバーへ横パスを出させないようにプレスバックしインターセプトできるように意識する

構成　清水英斗
ブックデザイン＆DTP　今田賢志
写真　三原充史
編集協力　鈴木康浩
　　　　　片山実紀
編集　石沢鉄平（株式会社カンゼン）
取材協力　株式会社アニロデポルテ
　　　　　夏まゆみクリエイティブ株式会社

ポジショナルフットボール 実践論
すべては「相手を困らせる立ち位置」を取ることから始まる

発行日　２０２０年10月19日　初版
　　　　２０２１年１月８日　第３刷　発行

著者　渡邉 晋

発行人　坪井 義哉
発行所　株式会社カンゼン
〒１０１－００２１
東京都千代田区外神田２－７－１ 開花ビル
ＴＥＬ ０３（５２９５）７７２３
ＦＡＸ ０３（５２９５）７７２５
http://www.kanzen.jp/
郵便為替 ００１５０－７－１３０３３９
印刷・製本　株式会社シナノ

ISBN 978-4-86255-572-4　Printed in Japan
定価はカバーに表示してあります。
ご意見、ご感想に関しましては、kanso@kanzen.jp まで
Eメールにてお寄せ下さい。お待ちしております。